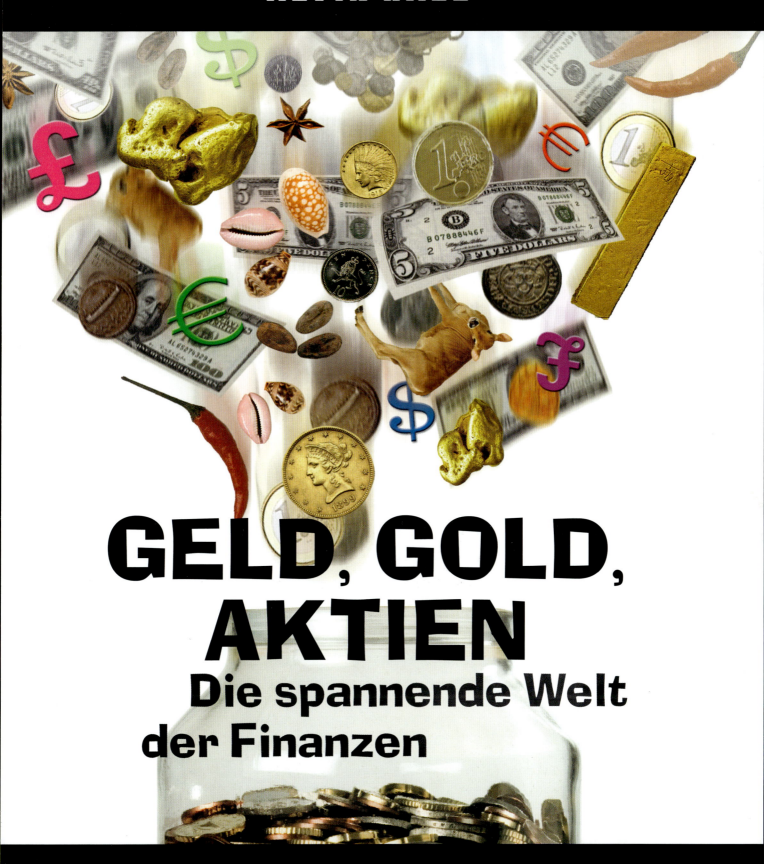

ALVIN HALL

GELD, GOLD, AKTIEN
Die spannende Welt der Finanzen

DORLING KINDERSLEY
London, New York, Melbourne, München und Delhi

Lektorat Zahavit Shalev, Fleur Star
Gestaltung Laura Roberts-Jensen, Hedi Gutt, Karen Hood

Projektleitung Bridget Giles
Bildrecherche Harriet Mills
Herstellungsleitung Claire Pearson
Herstellung Clare McLean

Fachliche Beratung Anthony Reuben

Dank an
Stephanie Jackson für ihre Freundschaft und ihren Enthusiasmus sowie den Kindern
Ben Farmbrough, Sam Farmbrough, Lara Howe, Sam Levinthal, Alex McKenzie, Jamie
McKenzie, Jaya Saggar, Rhia Saggar, Avery Woods Weber, Jakob Woods Weber

Für die deutsche Ausgabe:
Programmleitung Monika Schlitzer
Projektbetreuung Martina Glöde
Herstellungsleitung Dorothee Whittaker
Herstellung Mareike Hutsky
Umschlaggestaltung Hauptmann & Kompanie
Werbeagentur, München – Zürich

Bibliografische Information Der Deutschen Bibliothek
Die Deutsche Bibliothek verzeichnet diese Publikation in
der Deutschen Nationalbibliografie;
detaillierte bibliografische Daten sind im Internet über
http://dnb.ddb.de abrufbar.

Titel der englischen Originalausgabe:
Show me the money

Übersetzung Birgit Reit
Lektorat Hans Kaiser

ISBN 978-3-8310-1335-7

Colour reproduction by Media,
Development and Printing, UK
Printed and bound in China by Toppan

Besuchen Sie uns im Internet
www.dk.com

Woher kommt das Geld und was kann man damit anfangen?
Ist Geld nur dazu da, dass man für seine Arbeit bezahlt wird und
dass man sich etwas kaufen kann? Wie lässt es sich vermehren?

Diese Fragen stellte ich mir schon sehr früh im Leben, als ich zum
ersten Mal einen Geldschein geschenkt bekam, der mehr wert war,
als ich mir überhaupt vorstellen konnte. Ich wollte ihn sparen,
aber ich hätte mir auch zu gern etwas gekauft. Ich weiß noch, wie ich
dasaß und den Schein mit der großen Zahl immer wieder anstarrte.

Als ich dann meine erste Arbeitsstelle in der Finanzwelt antrat, kamen
mir wieder die gleichen Fragen in den Sinn. Diesmal nicht wegen
der großen Geldscheine, sondern weil viele meiner ehemaligen Mit-
schüler schon sehr viel Geld verdient hatten. Manche waren inzwischen
sogar Milliardäre. „Wie viele Nullen hat eine Milliarde?", war die erste
Frage, die mir durch den Kopf schoss. Anschließend fragte ich mich,
was meine Freunde mir voraus hatten. Was wussten sie – und ich nicht?

Diese beiden Fragen brachten mich dazu, Nachforschungen über
Geld und seine Funktionen anzustellen. Meine Suche war lustiger,
informativer und interessanter, als ich gedacht hätte.
Und nun möchte ich mein neu erworbenes Wissen an andere junge
Leute weitergeben. Lass dich unterhalten und inspirieren
und lerne dabei, was man mit Geld alles anfangen
und wie man es für sich arbeiten lassen kann.

Ich wünsche dir eine in jeder Hinsicht reiche und erfüllte Zukunft!

Alvin Hall

ALVIN HALL

INHALT

Geschichte des GELDES

Auf einer einsamen Insel

kann man mit Geld allein nicht überleben – man kann es weder essen noch trinken, keine Hütte bauen und auch keine Tiere verjagen.

Wieso ist Geld überhaupt so wertvoll? Es ist nur wertvoll, weil sich alle darauf geeinigt haben. Nur aus diesem Grund können wir damit Dinge kaufen und verkaufen. Geld wurde nicht von einem einzelnen Menschen erfunden. Es hat sich einfach im Lauf der Zeit entwickelt.

Was ist GELD?

Geld besteht bei uns aus **Euros** und **Cents**. Es gibt Münzen und Scheine. Aber *wozu braucht man es?*

Geld ist ein *Tauschmittel.*

(Man benutzt Geld, um Dinge zu kaufen.)

Geld ist ein *Wertaufbewahrungsmittel.*

(Man kann es auch erst später ausgeben.)

Geld ist ein *Rechenmittel.*

(Man kann damit ausdrücken, was die Dinge wert sind.)

Kaufen

Bevor es Geld gab, *tauschten* die Menschen Waren aus: Ich gebe dir meine Kuh, wenn ich dafür dein Schwein bekomme. Damit das funktioniert, muss der eine immer genau das brauchen, was der andere hat, und beide müssen gleichzeitig miteinander handeln wollen. Der Vorgang lässt sich vereinfachen, wenn man ein *Tauschmittel* einführt. Dann sieht er so aus: Ich verkaufe meine Kuh für fünf Einheiten des Tauschmittels. Die kann ich dir dann für dein Schwein geben. Mit den Einheiten können wir beide zu jedem Zeitpunkt alles, was wir brauchen, von jedem beliebigen Menschen kaufen.

Sparen

Ist die Kuh einmal verkauft, kann man die fünf Einheiten *sparen* und zu einem späteren Zeitpunkt etwas anderes kaufen. Wenn die Einheiten ihren Wert behalten, kann man damit nach einem Jahr wieder eine Kuh kaufen. Vielleicht gibt es sogar *Zinsen* für das gesparte Geld – aber es besteht auf der anderen Seite auch das Risiko, dass der Preis für Kühe steigt, beispielsweise auf sechs Einheiten. (Diesen Vorgang nennt man *Inflation.* Mehr darüber folgt auf Seite 43.) In diesem Fall verliert das Geld etwas von seinem Wert.

Wert ausdrücken

Im Ausstellungsraum eines Autohändlers stehen zwei Autos. Das eine kostet 4000 €, der Preis des anderen liegt bei 12 000 €. Ein *Preisvergleich* zeigt sofort, dass der Wagen, der 12 000 € kostet, *mehr wert* ist. Wahrscheinlich ist er größer oder besser als der andere Wagen. Der Eigentümer des Autohauses kann die Recheneinheit auch in den Geschäftsunterlagen verwenden. Statt anzugeben, dass er 15 Autos hat, kann er auch sagen, dass er Autos im Wert von 180 000 € besitzt.

Tauschen wir?

... oder wie das Geld erfunden wurde

Der direkte Austausch Ware gegen Ware heißt **Tausch-handel**. Das kann jedoch sehr schwierig werden. Man muss jemanden finden, der genau das hat, was man braucht, und der das braucht, was man selbst hat. Oh, und der Wert muss gleich sein. Die geniale Lösung heißt – *Geld*.

Tom denkt nach ...

Genau! Chris mag Äpfel. Wenn ich die Hähne gegen Äpfel eintausche, nimmt Chris die Äpfel für die Kuh.

Ein weiteres Glied in der Kette hilft.

Am folgenden Tag.

JA

Hallo David, nimmst du zwei Hähne für diese Äpfel?

Gut!

Tausche die Ware gegen etwas anderes ...

HEUREKA!

Chris, willst du Äpfel für die Kuh?

Ja, Tom.

... und gib das weiter.

MÜNZEN WERDEN ERFUNDEN

Jahrhunderte später.

JA

Eine Kuh bitte, Erik.

Toll, ein Sack voll Goldmünzen! Danke.

Münzen zu transportieren ist schwer und riskant.

Auf der Bank.

Wenn Sie die Münzen brauchen, geben Sie einfach den Schein am Schalter ab.

Gut!

DIREKTOR

Eintauschbar gegen 10 Goldmünzen

Man brachte die Münzen zur Bank.

Die Geschichte ...

Vor langer Zeit ...

JA

Hallo Tom, willst du zwei Hähne für deine Ziege?

Gut!

Am Anfang tauschten die Leute Waren aus, ...

Etwas später.

NEIN

Ich gebe dir zwei Hähne für die Kuh.

Tut mir leid, Tom, ich brauche keine Hähne.

... aber das war oft sehr schwierig.

JA

Ich hoffe, Tom ist Vegetarier ...

GELD WIRD ERFUNDEN

Die Zeit vergeht.

Ich hab's! Metallstücke, die jeder erkennen kann – große und kleine.

Äpfel werden mit der Zeit faul. Außerdem mag sie nicht jeder.

Große, glänzende Steine sind gut. Jeder mag sie und sie verderben nicht.

Wenn etwas weniger wert ist als ein Stein, nehmen wir Muscheln ...

Die Leute erkannten, dass sie etwas tauschen mussten, das jeder wollte.

HEUREKA!

Nimmst du diesen Schein von der Bank für die zwei Hähne?

Gut!

Eintauschbar gegen 10 Goldmünzen

JA

Wir legen auch keine goldenen Eier ...

PAPIER-GELD WIRD ERFUNDEN

... und kaufte mit Banknoten ein!

Fortsetzung folgt ...

Banknoten haben an sich keinen Wert. Ursprünglich standen sie für etwas mit echtem Wert (meist Gold oder andere Edelmetalle), das in der Bank aufbewahrt wurde. Heute ist so viel Geld im Umlauf, dass es nicht mehr genug Gold gibt, das die Banken in Reserve halten könnten. Man kann also Geld nicht mehr in Gold umtauschen. Das Geld, das wir benutzen, hat nur einen Wert, weil wir alle daran glauben!

Erste Währungen

Geld – Scheine und Münzen – ist praktisch:
Frühere Währungen passten in keine Tasche!

Kühe

Am Anfang tauschten die Menschen Dinge wie Kühe gegen andere Waren ein, die sie brauchten.

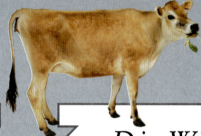

Silberbarren

Exakt abgewogene Silberstücke wurden in vielen Gebieten der Erde als Geld verwendet. In China wurde dies bereits um 5000 v. Chr. eingeführt.

Silberbarren

Kaurimuscheln

Das chinesische Schriftzeichen für Geld war ursprünglich das Bild dieser Muschel, die etwa ab 1200 v. Chr. als Zahlungsmittel diente.

Kaurimuscheln

Die Wissenschaft von den

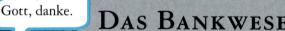

9000 v. Chr.   3000 v. Chr.

Juno Moneta

Beim Einkaufen nie die Quittung vergessen!

Ist gut, Gott, danke.

DAS BANKWESEN

Bereits um 3000 v. Chr. ließen die Babylonier ihre Wertsachen in Tempeln sicher aufbewahren. Um 1800 v. Chr. erließ König Hammurabi ein Gesetzeswerk, das den Handel regeln sollte. Babylon war ein Handelsknotenpunkt, daher musste man sich darauf verlassen können, dass alles gerecht zuging. Wichtig war und ist, immer alles schriftlich festzuhalten.

In Rom bin ich ein Held!

Diese Statue stellt König Hammurabi dar, wie er vom Sonnengott das Gesetzeswerk erhält.

Wenn man bedenkt, was früher alles als Geld verwendet wurde, erscheint es plötzlich gar nicht mehr so mühsam, nach Wechselgeld zu kramen ...

König der Lyder

> Ob ich wohl je eine Goldmünze bekommen werde?

Münzerfinder

König Krösus von Lydien war berühmt für seinen Reichtum. Er erfand angeblich das erste Geldwesen der Welt: zwei Münzarten aus Gold und Silber mit unterschiedlichem Wert.

Werkzeug

Nützliche Dinge wie Werkzeug dienten schon früh als Zahlungsmittel. Im Lauf der Zeit wurden sie durch Modelle ersetzt. Solche nachempfundenen Werkzeuge wurden in China etwa um 1000–500 v. Chr. benutzt.

Münze in Messerform

Elektrummünzen

Die ersten echten Münzen wurden um 640 v. Chr. in Lydien (der heutigen Türkei) gepresst. Sie bestanden aus Elektrum, einer natürlichen Legierung aus Silber und Gold.

Elektrummünzen

Papiergeld

Das erste Papiergeld gab es 1400 Jahre später, um 800, in China. Es wurden so viele Scheine gedruckt, dass sie wertlos und bis 1455 wieder abgeschafft wurden.

Chinesischer Geldschein

früheren Währungen heißt „Numismatik".

390 v. Chr.   323 v. Chr.   800 n. Chr.

> Das ist doch kein Geld, das ist Essen.

GALLIER GEGEN GÄNSE

Die alten Römer bewahrten ihre Geldreserven im Kapitol auf. Im Jahr 390 v. Chr. verhinderten Gänse einen Angriff goldgieriger Gallier auf das Kapitol. Das Schnattern der Vögel schreckte die Römer auf. Sie glaubten, Juno Moneta, die warnende Göttin, habe die Gänse gesandt. Ihr Name stand Pate für viele Bezeichnungen von Geld, z.B. „Moneten".

KORNSPEICHER

Im alten Ägypten galt Korn als Währung, die örtlichen Kornspeicher fungierten als Banken. Aufzeichnungen aller Tauschgeschäfte wurden im zentralen Kornspeicher in Alexandria aufbewahrt. So konnte man nur auf dem Papier Korn an eine andere Person übertragen. Heute verfährt man mit Geld ebenso und nennt es „Überweisung".

Geld regiert die WELT ...

Würze und Seide, edles Geschmeide, 100 km

Im Mittelalter wurde die Welt immer mehr erforscht. **Abenteurer** und **Kaufleute** entdeckten auf ihren Reisen neue **Handelsrouten** und **Produkte**. Sie brachten Ideen ebenso mit wie Schätze.

Land AHOI*!*

Marco Polo
(1254–1324)

1275

Das *Papiergeld*, von dem ich erzählte, führten die Europäer erst **400 Jahre** später ein!

POLOS ENTDECKUNGEN

Auf seiner Reise von Europa nach China entlang der Seidenstraße staunte Marco Polo nicht schlecht, als er sah, dass die Chinesen Papiergeld verwendeten. In Europa gab es damals nur Gold und Silber. Er wäre noch überraschter gewesen, hätte er gewusst, was Chinesen davor verwendet hatten: beispielsweise Kaurimuscheln, Werkzeug und große Stücke weißen Hirschleders.

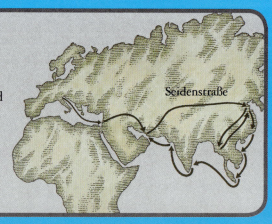

Seidenstraße

Pfeffer war eine *wertvolle Ware* für Händler

ACHTUNG RÄUBER!

WARENHANDEL

Dort, wo die Menschen bestimmte Dinge nicht hatten, konnte man die besten Geschäfte machen. Da Reisen früher aber lange dauerten und gefährlich waren, musste sich die Anstrengung lohnen. Am besten war es, große Mengen mitzunehmen – so entstand der Beruf des Händlers. Bereits im 4. Jh. v. Chr. war die Weihrauchstraße ein viel benutzter Handelsweg durch Asien und Europa.

DER QUERDENKER KOLUMBUS

Das Zeitalter der Entdeckungen war in vollem Gange, denn die Menschen wollten Handel treiben. Um wertvolle Seide und Gewürze aus China und Indien zu importieren, musste man lange, gefahrvolle Reisen auf sich nehmen und Räubern, Piraten, Stürmen und anderen Gefahren trotzen. Zudem war es teuer: Jedes Mal, wenn ein Schiff im Hafen eines fremden Landes anlegte, musste der Besitzer Steuern für seine Ladung bezahlen. Kolumbus beschloss daher, eine neue Route zu erkunden, die geradewegs über den Atlantik führte. In einer Zeit, als die Menschen an Ungeheuer glaubten und manche meinten, allein die Überquerung des Äquators bringe den Tod, war dies eine Furcht einflößende Vorstellung.

**Christoph Kolumbus
(1451–1506)**

1492 1498   1519

**Hernando Cortez
(1485–1547)**

EDLE GEWÜRZE

Den Handel mit wertvollen indischen Gewürzen kontrollierten die Mauren in Nordafrika, die das Monopol im Gewürzhandel besaßen. Daher sollte der Portugiese Vasco da Gama einen neuen Seeweg nach Indien auskundschaften. Portugal gründete mehrere Kolonien entlang der afrikanischen Küste und verlangte selbst Steuern von durchreisenden Schiffen.

Vasco da Gama (1460–1524)

EL CONQUISTADOR

Zwar waren Gewürze so wertvoll wie Gold, aber Gold blieb als Währung unverzichtbar. Der spanische Abenteurer Hernando Cortez segelte auf der Suche nach Gold um den halben Erdball. Er besiegte die Azteken in Südamerika, plünderte ihr Land und brachte seine Beute nach Spanien.

und oft *mehr wert* als sein Gewicht in Gold.

Handel und Wandel

Der internationale Handel nahm zu und die Geschäfte liefen immer besser. Um den Handel **einfacher** und **gerechter** zu gestalten, wurden mit der Zeit die *Währungen standardisiert*.

BÖRSEN

Unternehmen verkaufen Aktien (siehe S. 26), um Kapital zu erhalten. Dafür werden die Investoren an den zukünftigen Gewinnen beteiligt. Die Niederländische Ostindienkompanie gab als Erste Aktien aus, die 1602 an der ersten offiziellen Börse in Amsterdam gehandelt wurden. Davor wickelten die Händler ihre Geschäfte in oder vor Kaffeehäusern ab.

TULPENMANIE

Exotische Waren lassen sich teuer verkaufen. In den Niederlanden begannen viele Bürger, an der Börse mit Tulpen zu handeln, die aus der Türkei importiert wurden. Manche verkauften dafür sogar ihr Haus. Im Jahr 1637 fielen die Preise um 90 Prozent, sodass viele ein Vermögen verloren.

1602 1637 Adam Smith (1723–1790) 1776

Hier meine *unsichtbare* Hand!

DAS GEMEINWOHL

Adam Smith gilt als der Begründer der klassischen Volkswirtschaftslehre. In seinem Werk *Wohlstand der Nationen* stellte er 1776 die These auf, dass ein freier Markt das Gemeinwohl am besten fördert. Menschen, die ihre eigenen Interessen verfolgen dürfen, werden von einer „unsichtbaren Hand" geleitet. Was sie tun, nützt auch der Gesellschaft, weil sie z.B. Waren herstellen, die die Leute brauchen.

Kapital und **KOMMUNISMUS**

Karl Marx sah den Kapitalismus als Ausbeutung der Arbeiterklasse an. Arbeiter erhalten zwar Lohn, sagte er, aber die produzierten Güter seien mehr wert. Den Überschuss behalten die Bosse, die dann reich werden. Im Kommunismus dagegen wird alles geteilt. Da es kein Eigentum gibt, wird auch niemand ausgebeutet.

Proletarier aller Länder, vereinigt euch! Ihr habt nichts zu verlieren außer euren Ketten!

DER DOLLAR

Das Münzgesetz von 1792 legte Dollar und Cent als einzig gültige Währungseinheiten in den Vereinigten Staaten von Amerika fest. Davor gab es in vielen Bundesstaaten eigene Währungen. In Virginia wurden z.B. Tabakblätter (und später Scheine für gelagerten Tabak) verwendet. 1794 wurde in der damaligen Hauptstadt Philadelphia die US-Münze eröffnet.

Dollarmünze

Karl Marx
(1818–1883)

1792 1816 1894

Ein britischer Sovereign (Wert: 1 £) bestand aus Gold.

GOLD WERT

Im Jahr 1816 führte die britische Regierung den Goldstandard ein, d.h. der Wert der Währung wurde jeweils an ein bestimmtes Gewicht in Gold gebunden. Eine Banknote im Wert von 1 £ konnte man z.B. in der Bank in Gold im Wert von 1 £ umtauschen. Der Goldstandard war lange Zeit der internationale Standard, an dem alle Währungen gemessen wurden. 1973 gaben die USA als letztes Land den Goldstandard auf.

Karl Marx

Nicht alle waren begeistert vom Kapitalismus. In England (der damals fortgeschrittensten Industriegesellschaft) studierte Marx 30 Jahre lang den Kapitalismus. Anschließend veröffentlichte er seine beiden Werke *Das kommunistische Manifest* und *Das Kapital*. Der Kommunismus war geboren.

Goldbarren

Modernes Geld

Im 20. Jahrhundert änderte sich vieles. Überall auf der Welt griffen die Regierungen stärker in die Wirtschaft ein und auch das Geld veränderte sich ... aus **Gold** wurde **Plastik**!

> Problem Nummer eins: Nicht alle Menschen arbeiten. Problem Nummer zwei: Manche Leute haben mehr Geld als andere. Ich finde, die Regierung sollte das regeln. (Dazu ist sie doch da, oder?)

KEYNES: ALLGEMEINE THEORIE

Um 1770 sprach sich Adam Smith („unsichtbare Hand") für eine Politik des „Laisser-faire" aus, das heißt, die Regierungen sollen nicht in die Wirtschaft eingreifen und den Handel in Ruhe lassen. 160 Jahre später stellte der Ökonom Keynes fest, dass es so nicht funktionierte. In seiner *Allgemeinen Theorie* forderte er das Gegenteil: Er fand, die Regierungen müssten die Wirtschaft regeln! In schlechten Zeiten muss die Regierung sich Geld leihen, um öffentliche Aufträge zu vergeben und die Steuern zu senken. In guten Zeiten kann sie die Schulden zurückzahlen.

John Maynard Keynes
(1883–1946)

1931   1936   1944

UN-Flagge

ES WERDE WERT!

Um 1930 gaben viele Länder den Goldstandard auf (die USA erst 1973). Sobald eine Währung nicht mehr an den Goldpreis gebunden ist, sind Banknoten kein „Ersatz" mehr für Gold. Sie sind nicht mehr durch eine entsprechende Menge Gold gedeckt und werden zu „Fiatgeld", also zu Geld, das nur einen Wert hat, weil die Regierung und alle Bürger sich darauf geeinigt haben. Das lateinische Wort *fiat* bedeutet „es werde". Wir legen fest, dass das Geld einen Wert haben soll, obwohl ein Geldschein an sich vollkommen wertlos ist.

DAS ABKOMMEN VON BRETTON WOODS

Auf der Konferenz in Bretton Woods (USA) gründeten die Vereinten Nationen drei Organisationen, die nach dem Zweiten Weltkrieg (1939–1945) den internationalen Handel wieder beleben sollten: den Internationalen Währungsfonds, die Internationale Bank für Wiederaufbau und Entwicklung und das Allgemeine Abkommen für Tarife und Handel.

Frank
McNamara
(1917–1957)

Schatz, ich habe mein Geld vergessen ...

HIER, MEINE KARTE ...

Frank McNamara speiste eines Abends im Jahr 1949 in New York zu Abend. Beim Bezahlen merkte er, dass er sein Geld vergessen hatte! Ein Jahr später gründete er den Diners Club, um anderen diese Art von Peinlichkeit zu ersparen. Mitglieder konnten im Restaurant einfach ihre Diners-Club-Karte vorzeigen statt zu bezahlen. Das Restaurant schickte die Rechnung an den Club und der Club stellte das Geld später dem Mitglied in Rechnung. So wurde die Kreditkarte erfunden. (Franks Essen bezahlte damals übrigens seine Frau!)

Moderne Diners-Club-Karte

DER EURO

Am 1. Januar 1999 führten elf Länder in der Europäischen Union den Euro ein. Leider konnte aber niemand in Belgien, Deutschland, Finnland, Frankreich, Irland, Italien, Luxemburg, den Niederlanden, Österreich, Portugal und Spanien auch nur einen Euro ausgeben, weil es die Münzen und Scheine erst ab 2002 geben sollte! (Man verwendete zunächst noch die bisherige Währung.) Der Euro war eines der Resultate des 1979 gegründeten Europäischen Währungssystems, das die Wirtschaft in den Ländern Europas vor zu hoher Inflation schützen und den internationalen Handel fördern sollte.

1950   1967   1999

GELDAUTOMATEN

Viele Leute behaupten, sie hätten den Geldautomaten erfunden, tatsächlich war es aber John Shepherd-Barron. Er erfand den ersten Automaten, der tatsächlich Geld herausgab. Die Idee dazu kam ihm in der Badewanne (sein Vorbild waren Schokoladenautomaten). Der erste Geldautomat stand in London. Er funktionierte allerdings noch nicht mit Plastikkarten, sondern mit radioaktiv gekennzeichneten Schecks, von denen der Automat ablesen konnte, wie viel Geld ausgezahlt werden sollte.

Automaten geben Schokoriegel aus – warum nicht auch Geld?

John Shepherd-Barron (geb. 1925)

19

Die bunte Welt

SELTSAME IDEEN

Außer Kaurimuscheln und Werkzeug gab es früher noch viele andere ungewöhnliche Arten von Geld. In Zentralafrika konnte man z. B. für 50 Glocken eine Frau kaufen! Dieses sogenannte „Primitivgeld" war um etwa 1960 weitgehend abgeschafft. Seither verwenden fast alle Länder modernes Geld, damit sie besser Handel treiben können.

Geld für den Notfall

Wenn Münzen und Banknoten früher knapp wurden, dachte man sich oft seltsamen Ersatz aus: Im 17. Jh. bezahlte der Gouverneur von Kanada seine Truppen z. B. mit Spielkarten. Sie wurden zerschnitten und beschriftet. Dann konnte man sie im Laden gegen Waren eintauschen.

Manillen

Im 16. Jh. sandten die Portugiesen Unmengen an Kupfer und Messing nach Westafrika. Dort wurde daraus Geld hergestellt – keine Münzen, sondern Armreifen, die sogenannten Manillen. So war das Geld leichter zu tragen. Seit 1949 gelten die Manillen, die damals etwa 4 Cent wert waren, nicht mehr als gesetzliches Zahlungsmittel.

Wampum

Die Indianer Nordamerikas verwendeten Ketten aus Muschelperlen, die Wampums. Die meisten Perlen waren weiß; lila Perlen waren sehr selten und daher wertvoller. Ab 1760 begann eine Fabrik mit der Massenproduktion der Perlen. Bald gab es so viele, dass sie ihren Wert verloren und nicht mehr als Zahlungsmittel genutzt wurden.

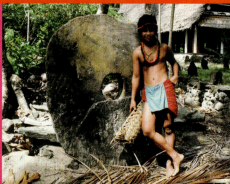

Fei (Steingeld)

Das Steingeld auf der Insel Yap im Pazifik ist möglicherweise das einzige Primitivgeld, das heute noch in Gebrauch ist. Es wird aber fast nur noch bei feierlichen Anlässen verwendet. Fei-Steine haben manchmal einen Durchmesser von 3,5 m. Man rollt sie mit einem Stab, der durch das Loch in der Mitte gesteckt wird.

WIE VIEL GELD GIBT ES AUF DER WELT?

Diese Frage lässt sich nicht beantworten! Münzen und Scheine werden laufend neu hergestellt, aber sie gehen auch verloren oder kaputt. Die Wechselkurse, d. h. der Wert des Geldes verglichen mit anderen Währungen, ändern sich jeden Tag. Heute ist 1 € vielleicht 1,50 $ wert, aber morgen kann er 1,40 $ oder auch schon 1,60 $ wert sein. Um besser vergleichen zu können, gab es jahrhundertelang eine Universalwährung – Gold.

des Geldes

BUREAU DE CHANGE

Wer im Urlaub ins Ausland reist, muss meist seine Währung in eine von rund 180 anderen Währungen umtauschen.

Land	Währung	Entspricht ...	Symbol
China	**Yuán**	10 Jiao	元
Kuba	**Peso**	100 Centavos	₱
Indien	**Rupie**	100 Paise	Rs
Israel	**Schekel**	100 Agorot	₪
Japan	**Yen**	100 Sen	¥
Kenia	**Schilling**	100 Cents	Sh
Saudi-Arabien	**Riyal**	100 Hallalas	ريال
Thailand	**Baht**	100 Stang	฿
Großbritannien	**Pfund**	100 Pence	£
Vietnam	**Dong**	10 Hao	đ
siehe unten	**Euro**	100 Cents	€

Dollar und Cent

Von Nord- und Südamerika über Afrika bis Südostasien und Australien verwenden viele Länder der Welt Dollar und Cent als Währung – aber diese Dollars sind alle verschieden. Als dieses Buch geschrieben wurde, war 1 US-Dollar z. B. fast 8 Hongkong-Dollar wert.

Bis Januar 2008 war der Euro in 15 europäischen Ländern eingeführt: Belgien, Deutschland, Finnland, Frankreich, Griechenland, Irland, Italien, Luxemburg, Malta, den Niederlanden, Österreich, Portugal, Slowenien, Spanien und Zypern.
Diese Liste wird noch länger werden, denn immer mehr europäische Länder entscheiden sich dafür, den Euro als Währung einzuführen.

WIE VIEL GOLD GIBT ES ALSO AUF DER WELT?

Zu dumm, aber auch diese Frage lässt sich nicht genau beantworten! Man kann immerhin versuchen, es auszurechnen. In einem Jahr werden 50 Millionen Feinunzen (die Maßeinheit für Gold) produziert. Das ist so viel wie ein Würfel mit 4,3 m Seitenlänge. Er würde etwa das Wohnzimmer eines normalen Wohnhauses ausfüllen und 1,5 Millionen Kilogramm wiegen. Derzeit wäre dieser Würfel etwa 13 Milliarden US-Dollar wert, aber dieser Wert ändert sich laufend. Leider kann niemand genau sagen, wie viel Gold im Lauf der Geschichte hergestellt wurde – schätzungsweise wohl ein Würfel mit 20 bis 25 m Seitenlänge. Das bedeutet, dass die Gesamtmenge an Gold, die bisher gefunden wurde, auf einen Tennisplatz passen würde.

Münzherstellung

Die ersten Münzen wurden im 7. Jh. v. Chr. hergestellt. Ein kleiner Klumpen Metall wurde mit einem Siegel „gemünzt" (geprägt), das den Wert der Münze angab. Damals wurden die Münzen per Hand hergestellt, meist aus Gold oder Silber. Heute bestehen die meisten Münzen aus besonders widerstandsfähigem Metall. Schwere Maschinen schneiden die Scheiben zurecht und prägen unter hohem Druck die Motive ein.

Lizenz zum Drucken

Auch zum Drucken von Papiergeld werden sehr spezielle Maschinen eingesetzt. Die ersten offiziellen Banknoten in Europa wurden 1660 in Schweden ausgegeben. Banknotenhersteller produzieren auch das verwendete Papier selbst. Es muss fest sein und bestimmte Sicherheitsmerkmale aufweisen. Eingesetzt werden u.a. Hologramme, winzige Schriften, Metallfäden und bis zu fünf verschiedene Druckverfahren. Laufend werden neue Technologien entwickelt, um Geldfälschern immer einen Schritt voraus zu bleiben.

Druckvorbereitung

Die Druckvorlage für das Hauptmotiv einer Banknote ist eine gravierte Stahlplatte. Die Platte wird spiegelverkehrt graviert, damit das Motiv auf der Banknote richtig dargestellt wird.

GELD

Wenn es zu einfach wäre,

Mischfarben

Die Farben dieser Banknote werden aus 22 Tinten gemischt – darunter auch unsichtbare Tinten.

Einzigartig

Jede einzelne Banknote hat eine einmalige Seriennummer.

Viele Schichten

Das Motiv entsteht nach und nach unter Anwendung mehrerer Druckverfahren.

Griffig!

Banknoten bestehen aus Baumwollfaser und Leinen, in manchen Ländern heute auch schon aus Plastik.

Wasserzeichen

Es ist Teil des Papiers. Hält man den Schein gegen das Licht, sieht man ein durchscheinendes Bild.

Zauberfaden

In die meisten Banknoten ist ein Metall- oder Plastikfaden eingewebt. Die „Stiche" sind auf beiden Seiten des Geldscheins sichtbar. Unter einem Lichtstrahl erscheint er als Linie.

drucken

würden es *alle* tun!

Wo bin ich?

Auf den meisten Banknoten gibt es „unsichtbare" Motive, die nur unter Infrarot- oder ultraviolettem Licht sichtbar werden.

Wie viel?

Der Wert ist an mehreren Stellen deutlich erkennbar aufgedruckt.

JA123456

3-D-Bilder

Auf vielen Banknoten gibt es ein dreidimensionales Bild, ein sogenanntes Hologramm. Man sieht es, wenn man den Geldschein etwas geneigt hält.

Gezeichnet fürs Leben

Oft tragen Banknoten eine Unterschrift. Als die Scheine noch nicht gedruckt wurden, wurde jeder von Hand unterzeichnet.

FÄLSCHUNGEN

Seit es Geld gibt, haben die Menschen immer versucht welches herzustellen.

Abschliff

Die meisten Münzen weisen am Rand Rillen auf, denn bei den alten Gold- und Silbermünzen wurden früher häufig Späne vom Rand abgeschabt und eingeschmolzen, um daraus neue Münzen zu prägen. An den Rillen erkannte man gleich, ob eine Münze noch unversehrt war.

Superdollar

Der Superdollar ist eine fast perfekte Fälschung der amerikanischen Banknote. Das kommunistische Nordkorea soll um 1990 Millionen von Superdollars produziert haben, möglicherweise mit der Absicht, die US-Wirtschaft zu schädigen.

Diese gefälschte schwedische Banknote von 1868 ist ganz von Hand gezeichnet.

Zerstören verboten

Viele Länder verbieten per Gesetz nicht nur die Herstellung von Falschgeld, sondern auch das Verunzieren und Beschädigen von Banknoten. Banknoten zu produzieren ist sehr teuer! Außerdem ist es wichtig, dass man sich auf die Echtheit des Geldes verlassen kann. Wie kann man Dinge kaufen und verkaufen, wenn man nicht weiß, ob das Geld, das man dabei verwendet, echt ist?

ELEKTRONISCHES GELD

Ein Großteil des im Umlauf befindlichen Geldes ist unsichtbar. Es wird von einem Bankkonto zum anderen verschoben, ohne je greifbar in Erscheinung zu treten. Große Anschaffungen bezahlt fast niemand mehr in bar. Das Geld wird elektronisch per Kredit- oder EC-Karte abgebucht oder man gibt einen Scheck.

Kredit- und EC-Karten werden heute fast überall akzeptiert. So ist das Bezahlen einfacher.

MIT KARTE

Bis etwa 1950 konnte man nur mit *Bargeld* einkaufen. Dann kamen die Schecks (siehe S. 33). Doch erst die Kredit- und EC-Karten haben das Einkaufen wirklich revolutioniert. Wir verwenden immer weniger Münzen und Scheine – bald werden sie uns auch so *altmodisch* vorkommen wie Perlen und Muscheln.

GÜLTIG VOM ▶ 01/08   GÜLTIG BIS ▶ 01/10

RITA MUSTER

BLZ ▶ 1 2 3 4 5 6 7 8

Auf der Karte steht der Name des Besitzers, damit jeder prüfen kann, wer die Karte benutzen darf. Nach dem Ablaufdatum kann die Karte nicht mehr verwendet werden.

Nie mehr wechseln!

Elektronisches Bezahlen hat viele Vorteile. Wer im Laden mit Karte bezahlt, braucht nicht mehr so viel Geld mit sich herumzutragen, und die Verkäufer brauchen kein Wechselgeld herauszugeben.

Sicherheit

Auf jeder Kreditkarte ist hinter der Kreditkartennummer, die quer über die ganze Karte verläuft, ein Hologramm, das Fälschungen verhindern soll. Die ersten sechs Ziffern bilden den BIN-Code, der die Kreditkartengesellschaft identifiziert. Die folgenden Ziffern bestehen aus der Kontonummer des Besitzers und einer Prüfziffer. Sie soll verhindern, dass Fälscher willkürlich Nummern erfinden.

ZAHLEN

Online-Banking

Heutzutage kann man auch per Internet oder Telefon auf das eigene Konto zugreifen und den Kontostand prüfen (wie viel Geld du noch hast), Rechnungen bezahlen usw. Das Einzige, was man nicht kann, ist Bargeld abheben.

Bankautomaten

Sie sind noch praktischer als Online-Banking. Am Automaten kann man echtes Geld einzahlen und abheben und Rechnungen bezahlen. Es gibt weltweit über 1,6 Millionen Bankautomaten – sogar in der Antarktis steht einer!

WELCHE WILL ICH?

Beim Bezahlen mit EC-Karte wird das Konto sofort oder spätestens am folgenden Tag belastet, bei Kreditkarten nur einmal im Monat. Das heißt, man kauft jetzt, aber das Geld wird erst später abgebucht. Mit beiden Karten kann man sein Konto bis zu einer gewissen Grenze überziehen. Dann muss man allerdings zusätzlich hohe Zinsen bezahlen.

Auf der EC-Karte sind Name und Kontonummer des Besitzers sowie die Bankleitzahl seiner Bank angegeben.

KONTO-
NUMMER ▶ 7654321

Spiel mit Risiko

Unternehmen verkaufen Wertpapiere auf dem **Aktienmarkt**, um Geld für neue Investitionen zu erhalten. Es gibt zwei Wertpapierarten: *Aktien* (Dividendenpapiere) und *Anleihen* (festverzinsliche Wertpapiere). Aktien werden an der **Börse** gehandelt.

Das Auf und Ab des Marktes

Die Kurse (Preise) der Wertpapiere ändern sich, weil die Leute ständig mit ihnen handeln. Gibt es mehr Verkäufer als Käufer, fallen die Kurse, gibt es dagegen mehr Käufer, steigen sie.

Bulle = Aufwärtstrend

Der Bulle
ist ein optimistischer Investor, der viel kaufen will, weil er erwartet, dass der Kurs eines Wertpapiers, einer Ware oder des ganzen Aktienmarktes steigt.

Der Bär
ist dagegen pessimistisch und erwartet, dass der Kurs eines Wertpapiers, einer Ware oder des gesamten Aktienmarktes sinken wird.

Bär = Abwärtstrend

Investieren bedeutet **auszuwählen**, wo man sein Geld anlegen will. Man überlegt, womit man die höchsten **Gewinne** erzielen kann und welches **Risiko** man in Kauf nehmen will. Manche Investitionen bieten die Möglichkeit, riesige Gewinne zu erwirtschaften – oder auch alles zu verlieren.

AKTIEN

Aktien stellen einen Anteil an einem Unternehmen dar. Gibt ein Unternehmen 100 Aktien aus und kauft jemand fünf davon, dann gehören ihm 5 % dieses Unternehmens. Als Aktionär erhält er eine Dividende (Anteil am Gewinn) und hat ein Stimmrecht bei Aktionärsversammlungen. Der Wert der Aktien steigt und fällt, je nachdem, wie das Unternehmen wirtschaftet. Wenn die Geschäfte gut laufen, steigt wahrscheinlich der Wert der Aktien. Wenn nicht, wird er womöglich fallen.

Früher trafen sich die Händler auf dem Börsenparkett, um die Aufträge ihrer Kunden auszuführen. Heute findet der Handel nur noch in ganz wenigen Börsen auf dem Parkett statt.

Verkauf

Seht alle her!

Auf dem Börsenparkett herrscht geschäftiges Treiben und es geht laut zu. Hunderte von Händlern – viele in bunten Jacketts, um gesehen zu werden – ringen um Aufmerksamkeit.

ANLEIHEN

Mit dem Kauf von Anleihen leiht man einem Unternehmen Geld. Dafür garantiert das Unternehmen, dass es einen festen Zinssatz und zu einem festgesetzten Termin auch den genauen Betrag, den es geliehen hat, wieder zurückzahlt.

TERMINGESCHÄFTE

Es gibt auch Börsen, an denen Termingeschäfte gehandelt werden. Mit einem Terminkontrakt verpflichtet sich ein Händler, an einem vereinbarten Termin eine bestimmte Menge eines Produkts (Gold, Währungen, Schweinebäuche usw.) zu einem festen Preis zu kaufen. Ursprünglich sollten Bauern so ihr Getreide schon vor der Ernte zu einem festen Preis verkaufen können.

Computer statt Börsenparkett

Die Zeiten des Handels auf dem Börsenparkett sind vorbei. Heute arbeiten die Börsen mit Computersystemen, die sowohl das Parkett als auch viele Menschen, die dort arbeiteten, ersetzen. Die Händler sitzen an einem Schreibtisch mit mehreren Bildschirmen. Die Computer beobachten die verschiedenen Wertpapiermärkte und zeigen automatisch passende Aufträge zum Kauf und Verkauf einer bestimmten Aktie, Anleihe oder eines Termingeschäfts an. So werden die Aufträge schneller und einfacher abgewickelt. Das Geschehen an der Börse ist nicht mehr so turbulent und lebhaft, dafür aber wirkungsvoller.

Durch Rufe und **Handsignale** teilen sie den anderen Händlern ihren Auftrag mit – („Ich verkaufe Aktien der Firma X!") – und versuchen so, einen Käufer zu finden.

PUT
Ein Put gibt dem Käufer das Recht, Aktien zu einem vereinbarten Preis zu *verkaufen*.

CALL
Ein Call gibt dem Käufer das Recht, Aktien zu einem vereinbarten Preis zu *kaufen*.

MONATE
Diese Handzeichen zeigen an, in welchem Monat ein Terminkontrakt endet.

ZAHLEN
Zahlen zeigen an, wie viele Verträge angeboten werden.

 Handel *OHNE*

Die frühesten Formen des Handels fanden ohne Geld statt. Wäre also auch eine **geldlose** Wirtschaft denkbar? Wenn es genügend **Waren** und **Dienstleistungen** gibt und Kommunikation den Handel über weite Gebiete ermöglicht, brauchen wir dann noch Geld?

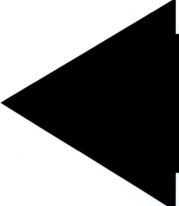

Die guten alten Zeiten
Es gibt auch heute noch Tauschhandel, meist in Regionen, wo es wenig Geld gibt. Erntet ein Bauer mehr Feldfrüchte als seine Familie braucht, kann er den Überschuss z.B. bei einem Metzger gegen Fleisch eintauschen.

Zu Ihren Diensten
Auch Dienstleistungen lassen sich tauschen: Ein Friseur kann Brot statt Geld nehmen, und ein Koch kann auf einer Party für den Maurer kochen, der ihm eine Wand baut.

Wer wenig Geld hat, ist nicht automatisch arm —

Die Menschen bezahlen immer seltener mit Geld und immer öfter mit Kredit- oder EC-Karte.

BARGELDLOSE WIRTSCHAFT?
Anstatt bar zu bezahlen kann man das Geld auch elektronisch übertragen. Wahrscheinlich werden wir aber niemals ganz auf Geld verzichten, weil es so praktisch ist. Außerdem: Was ist, wenn man noch zu jung für eine EC-Karte ist?

Virtuelles Geld
Wenn jemand mit EC-Karte bezahlt, wird der Rechnungsbetrag direkt von seinem Bankkonto abgebucht. Es gibt auch noch andere Möglichkeiten der elektronischen Geldübertragung ...

Jeder hat schon einmal ohne Geld gehandelt. In der Schule werden z. B. Aufkleber getauscht oder das eigene Käsebrot gegen das Schinkenbrot des Freundes. Das alles sind Beispiele für Tauschhandel ohne Geld.

GELD

Tauschkreise,

auch als Local Exchange Trading Systems (LETS) bekannt, bieten eine moderne Form des Tauschhandels. Wer Leistungen erbringt, erwirbt ein Guthaben, das für alle Teilnehmer einsehbar ist, aber nicht in Geld eingewechselt werden kann. Mit dem Guthaben kann er dann etwas anderes bekommen.

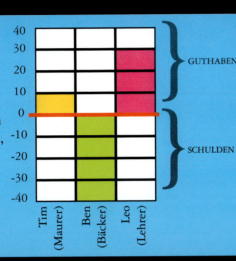

So funktioniert es

Tim baut für Ben eine Mauer und erhält 20 Punkte Guthaben. Zudem gibt Ben 20 Punkte an Leo für Nachhilfe. Ben hat nun 40 Punkte Schulden. Dann gibt Leo Tims Kindern Nachhilfe und Tim bezahlt 10 Punkte. Leo hat nun 30 Punkte, Tim nur noch 10.

Es gibt sogar ein LETS, das weltweit funktioniert.

man braucht nicht viel Geld, um gut zu leben.

Bitte passieren!

Autos lassen sich mit RFID-Chips ausstatten. Beim Passieren einer Mautstelle wird dann automatisch die Kreditkarte des Besitzers belastet.

Zahlen per Handy

Derzeit wird ein System zur Bezahlung per Handy erprobt. Geld vom Konto wird als Guthaben auf das Handy übertragen und kann im Laden zum Bezahlen verwendet werden.

Schnell bezahlen

Viele Amerikaner haben einen RFID-Schlüsselanhänger, mit dem sie an der Tankstelle bezahlen. Das geht sogar noch schneller als mit Kreditkarte.

Kundenkarten

Manchmal kann man in größeren Läden auch mit der Kundenkarte bezahlen. Die Punkte, mit denen man später bezahlen kann, muss man aber erst durch Einkäufe verdienen!

Mit GELD umgehen

Geld hat Zauberkraft.

Die Menschen träumen davon,
sorgen sich oder kämpfen darum
und anscheinend hat niemand
jemals genug davon.

Für jeden Menschen bedeutet Geld etwas anderes.
Es ist der Lohn für harte Arbeit, die Befreiung
von Sorgen, der Schlüssel zum Luxus,
die Möglichkeit zur Schule zu gehen,
sich Respekt zu verschaffen
oder die Welt zu verändern.
Geld schafft Möglichkeiten.

WER HAT WAS IN DER

Wohl
dem, der
Geld
in der
Tasche
hat!

Zunächst wäre es
interessant zu
wissen, wie
es hinein-
kam.

?

TASCHE?

(Von Taschentüchern, Fahrkarten, Schlüsseln und Kaugummis abgesehen ...)

Taschengeld

Bekommst du jede Woche oder jeden Monat Geld von deinen Eltern? Darfst du dir davon alles kaufen oder gibt es Regeln (nur Bücher, Kleidung, Ausgehen)? Mit Taschengeld kann man lernen, wie man Geld am besten einteilt.

Danke!

Süßig-keiten

Geschenke

Bekommst du von Verwandten manchmal Geld geschenkt, z. B. zum Geburtstag, zu Weihnachten, für gute Noten oder einfach mal so? Damit kannst du machen, was du willst. Wenn du solche Geschenke regelmäßig erhältst, könntest du bald eine stattliche Summe gespart haben.

TOLL, dass du den Test geschafft hast! Dein Opa

Cool, Opa! Die Prüfungen machen mich noch reich!

Selbst verdientes Geld

Erledigst du manchmal kleinere Aufgaben wie Autos waschen oder Babysitten? Trägst du Zeitungen aus? Kinder dürfen laut Gesetz nur ganz bestimmte Arbeiten ver-richten. Trotzdem kannst du damit Geld verdienen, so wie deine Eltern mit ihrer Arbeit Geld verdienen.

Gut gemacht! Das hast du echt verdient.

UND DIE ERWACHSENEN?

Sie haben neben dem Bargeld noch andere Arten von Geld. Die meisten haben Kreditkarten, EC-Karten und Kundenkarten.

Karten sind praktisch, aber bei zu vielen verliert man leicht den Überblick.

Karten

Mit Karten kann man bargeld-los einkaufen. Mit Kunden- und Kreditkarten kauft man jetzt und bezahlt Mitte oder Ende des Monats. Bezahlt man nicht den ganzen Preis, werden Zinsen hinzugerechnet. Per EC-Karte wird das Geld beim Kauf direkt vom Konto abgebucht.

Schecks

Mit einem Scheck weist man die Bank an, jemandem Geld auszu-bezahlen. Inzwischen kann man aber so einfach auf elektronischem Weg und ganz ohne Geld bezahlen, dass Schecks immer seltener ausgestellt werden.

Ausgeben, *aufheben* oder SPAREN?

Dein Geburtstag!

Du hast **50 €** geschenkt bekommen. Was kannst du mit dem Geld anfangen?

HINWEIS: Manche dieser Möglichkeiten können Kinder nicht nutzen. In einigen Ländern dürfen Personen unter 16 Jahren keine Bankkonten eröffnen. In vielen Ländern dürfen Kinder kein Geld investieren und wenn doch, dann nur mit Zustimmung der Erziehungsberechtigten.

AUSGEBEN?

Wenn es etwas Teures gibt, das du dir schon lange gewünscht hast – z.B. eine Gitarre –, könntest du es dir jetzt vielleicht kaufen. (Lies aber vorher noch die nächste Seite mit den klugen Einkaufstipps.) Denk daran: Sobald du das Geld ausgibst, ist es weg. Überlege dir vor diesem großen Schritt also gut, ob du nach dem Kauf wirklich glücklicher sein wirst.

50 Euro! Was kaufe ich mir dafür? Ich weiß: eine Gitarre!

50 €

AUFHEBEN?

Wenn du zwar nicht sofort, aber vielleicht bald etwas brauchst – in den nächsten Tagen oder Wochen –, kannst du das Geld im Geldbeutel, in einer Spardose oder in einer Schachtel unter dem Bett aufbewahren. Aber Achtung! Wegen der Inflation verliert Geld mit der Zeit etwas von seinem Wert (siehe S. 43). In einem Jahr kannst du für 50 € vielleicht weniger kaufen als jetzt.

Ich hole gern das Geld heraus und zähle es.

SPAREN?

Wenn du für eine große Sache sparst, solltest du das Geld auf die Bank bringen. Solange es auf dem Konto liegt, kann die Bank es an Leute verleihen, die sich etwas Teures kaufen oder eine Firma gründen wollen. Die Schuldner zahlen das geliehene Geld mit Zinsen zurück, das heißt, sie zahlen zusätzlich eine Leihgebühr, die die Bank fordert. Einen Teil der Zinsen gibt die Bank an dich weiter. Da die Regierung garantiert, dass die Bank dein Geld nicht verliert, besteht keinerlei Risiko.

> Das Geld vermehrt sich langsam, aber sicher.

> Super, ohne Risiko!

SPARKASSE

ANLEGEN?

Wenn du gern etwas riskierst, kaufe Aktien. Geht es der Firma gut, erhältst du Anteile am Gewinn. Steigt der Kurs, kannst du die Aktien mit Gewinn verkaufen. Wenn es dem Unternehmen aber schlecht geht, sinkt der Aktienkurs. Dann kannst du entweder mit Verlust verkaufen oder auf bessere Zeiten hoffen.

> Das Leben ist ein einziges Auf und Ab!

50 MUSTERMANN AG

AKTIE

Fünfzig Euro = 50,00 €

Der Inhaber dieser Aktie ist mit einem Betrag von fünfzig Euro bei der Mustermann AG mit allen satzungsmäßigen Rechten und Pflichten beteiligt.

Mustermann AG München

Datum   Unterschrift

BÖRSEN KURSE

Spezial: Aktien & Anleihen

WIE LÄSST SICH GELD VERMEHREN?

Zinsen

Auf der Bank liegt das Geld nicht nur herum. Die Bank arbeitet mit dem Geld und bezahlt dafür einen kleinen Anteil, etwa 4 Prozent im Jahr. Je länger das Geld auf dem Konto bleibt, desto mehr wird es.

Pflege das Geld ...

Sonnenblumen

Haltbar bis: 12/08

... und sieh, wie es wächst!

Zinseszins

Legt man 50 € zu einem jährlichen Zinssatz von 10 Prozent an, erhält man nach einem Jahr 5 € Zinsen und hat somit 55 €. Lässt man das Geld noch ein Jahr auf der Bank, bekommt man Zinsen auf die ursprünglich angelegten 50 € plus die verdienten 5 €. Das wird als Zinseszins bezeichnet. Nach dem zweiten Jahr hat man 60,50 €.

Die 72er-Regel

Wie schnell lässt sich das Geld verdoppeln? Dazu gibt es die 72er-Regel. Man teilt 72 durch den Zinssatz – hier 10 Prozent. Das Ergebnis – 7,2 – ist die Zahl der Jahre, die es dauert, bis man doppelt so viel Geld hat. Bei 5 Prozent Zinsen dauert es 14,4 Jahre (72 geteilt durch 5).

Zinssatz 10%

| 1 | 7 | 14 | 29 | 58 | 115 | 230 |

JAHRE

TIPPS und TRICKS

Hier ein paar *Tricks* und *Kniffe*, wie man

WILL ICH DAS WIRKLICH HABEN?
Du willst Lutscher kaufen und siehst plötzlich, dass Schokolade im Angebot ist. Kaufst du nun die Lutscher oder die Schokolade? Hier ein paar Entscheidungshilfen:

oder

- Möchte ich jetzt Schokolade statt Lutscher?
- Mag ich diese Sorte? Der Preis ist zwar reduziert, aber kann ich sie mir überhaupt leisten?
- Ist die Schokolade billiger als die Lutscher? Wenn nicht, sollte ich dann vielleicht die Lutscher kaufen und das restliche Geld für nächste Woche sparen?
- Werde ich die Schokolade vor dem Ablaufdatum essen können?

TIPP
Überlege, ob du das, was du kaufst, wirklich haben willst.

RABATTE VERGLEICHEN

oder

Laden A hat ein Computerspiel für 22 € mit 10 % Rabatt. Laden B hat dasselbe Spiel für 20 € und 5 % Rabatt.

10 % Rabatt sind auf den ersten Blick besser als 5 %. Aber rechnen wir nach: 10 % von 22 € sind 2,20 €, in Laden A kostet das Spiel also 19,80 €. 5 % von 20 € ist 1€: In Laden B sind es 19 €.

Laden B ist günstiger, obwohl er den niedrigeren Rabatt anbietet!

TIPP
Lass dich nicht von Prozenten täuschen. Es kommt nur auf den Endpreis an.

VERSTECKTE KOSTEN
Einkäufe kosten oft mehr als nur den Preis, der auf dem Etikett steht.

Du bist in Laden A und weißt, dass das Spiel in Laden B billiger wäre. Aber zu Laden B und zurück musst du mit dem Bus fahren und das kostet 2 €. Du würdest also insgesamt 21 € ausgeben, wenn du es bei B kaufst – mehr als in Laden A.

 **TEURER**

TIPP
Schnäppchenjagden sind nicht unbedingt billiger. Manchmal ist es besser da einzukaufen, wo man gerade ist, anstatt dafür durch die Gegend zu fahren.

Hast du nicht genug Geld, dann spare ...

für den Einkauf

schlau einkauft und dabei **GELD SPART**

SPARPAKETE – IST GRÖSSER WIRKLICH BESSER?

Oft sind große Mengen billiger als kleine – weniger Verpackungsmaterial bedeutet, dass der Preis pro Gewichtseinheit günstiger wird.

Damit du die Preise vergleichen kannst, musst du wissen, was die gleiche Menge einer Ware (z. B. 2 Liter Limonade) in allen Verpackungen und Größen jeweils kostet.

TIPP
Kaufe die große Flasche nur, wenn du sie austrinken kannst, bevor die Limonade fade wird.

 **oder**

2 Liter

1,45 €

 **oder**

5.400 ml = 2 Liter

50¢

6.330 ml = 2 Liter (fast)

40¢

1 Flasche
= 1,45 €

5 kleine Flaschen
0,50 €·5 = 2,50 €

6 Dosen à 0,40 €
= 2,40 €

TIPP
Kaufe nichts, nur weil es billiger ist als normal. Achte auf das, was du ausgibst, nicht auf das, was du vermeintlich sparst.

ES IST IM ANGEBOT ...

Auch wenn Kleidungsstücke im Angebot günstiger sind, lohnt es sich nicht immer, sie zu kaufen.

☾ Brauchst du wirklich neue Kleidung? Hast du nicht schon etwas Ähnliches? Trägst du die Sachen wirklich oder willst du dir nur das Angebot nicht entgehen lassen? Wenn sie nur im Schrank liegen, sind sie reine Geldverschwendung.

☾ Ist etwas kaputt oder schlecht genäht? Sind viele gleiche Teile im Angebot, liegt das oft daran, dass sie keiner will.

☾ Überlege nicht, was du sparst, sondern was du ausgibst. Nehmen wir an, du siehst eine Designerjeans, die von ursprünglich 300 € auf 100 € herabgesetzt ist. 200 € gespart! Aber sie kostet trotzdem 100 € und normalerweise gibst du nie mehr als 40 € für eine Jeans aus – also bezahlst du tatsächlich 60 € *mehr* als sonst.

Rabatt

60 %

... ODER *kaufe lieber* *gar nichts.*

Was *willst* du?

Die ganze Welt ist voller Dinge, die man tun oder kaufen könnte, und voller Orte, an die man gerne reisen würde. Da aber niemand unbegrenzt Zeit und Geld hat, ist es **unmöglich,** alles zu haben oder zu tun. Daher muss man **auswählen**. Meist entscheidet man sich für die Dinge, die einen glücklich machen – aber dazu muss man *scharf nachdenken*.

In meiner Schule gibt es Karate- **und** Fußballtraining zur **gleichen Zeit**. Beides geht nicht. *Wofür soll ich mich entscheiden?*

Ein **Keks** kostet 1 € und ein **Eis** kostet 1 €. Ich mag beides gleich gern und ich kann 2 € ausgeben. *Was kaufe ich?*

Das **Erste** ist immer das **Beste** (doch der Glanz des Neuen vergeht schnell).

Karate *oder* Fußball?

Diese Entscheidung ist sehr schwierig. Es gibt viel zu überlegen. Was ist dir am wichtigsten?

- Was magst du selbst **lieber**?
- Was machen deine **Freunde**?
- Welchen **Lehrer** magst du lieber?
- Was macht mehr **Spaß**?
- Welche Sportart ist **angesagter**?
- Wie viel **kostet** das Training?

Zähle jetzt, wie viele Punkte für jede Sportart sprechen, *dann kennst du die Antwort!*

Kekse *und* Eis?

Mit den 2 € könntest du zwei Kekse oder zwei Tüten Eis kaufen. Wahrscheinlich kaufst du aber Keks und Eis. **Warum?** Weil der erste Keks (oder das erste Eis) toll schmeckt, das zweite jedoch nicht mehr so außergewöhnlich ist. *Zwei verschiedene Dinge machen dich glücklicher als zwei gleiche.* Manchmal wird die Entscheidung aber auch durch **Anreize** beeinflusst (Faktoren, die das eine verlockender aussehen lassen als das andere). Wenn eine Tüte Eis 2 € kosten würde, würdest du wahrscheinlich zwei Kekse kaufen und nicht eine Tüte Eis, weil du auf diese Weise MEHR für dein Geld bekommst.

Erst **nichts,** *dann* **immer mehr**

Stell dir vor, du hättest keine Schuhe. Deine Füße sind wund und jeder Schritt schmerzt. Eines Tages bekommst du Schuhe. Plötzlich fühlt es sich **fantastisch** an zu gehen! Eine Woche später erhältst du Turnschuhe. Sie sind schön, aber sie *ändern dein Leben* nicht mehr so wie das erste Paar Schuhe. Nach einem Monat bekommst du noch Flip-Flops. Sie sind gut, aber sie verändern dein Leben *noch weniger* als die Turnschuhe. Woran liegt das? *Je mehr man von einer Sache bereits hat, desto weniger beeindruckend ist es, noch mehr zu erhalten.*

Was BRAUCHST du?

Es gibt einen Unterschied zwischen Wünschen und Bedürfnissen. Du **wünschst** dir zwar vielleicht die neuesten Turnschuhe, aber wenn du schon welche hast, **brauchst** du sie nicht wirklich. Als Erwachsener kann man sich Wünsche erst erfüllen, wenn man für seine Bedürfnisse gesorgt hat ...

WOHNUNG

Oft müssen Menschen bis zu einem Drittel ihres Verdienstes für ein Dach über dem Kopf ausgeben. Manche Leute mieten Wohnungen oder Häuser, andere Leute kaufen sie und müssen dann meist viele Jahre lang einen Kredit abzahlen. Auf jeden Fall verschlingt das sehr viel Geld.

VERKEHRSMITTEL

Fahrtkosten sind überraschend hoch. Überlege nur, wie oft deine Eltern zur Arbeit fahren müssen. Wenn man jeden Tag weite Strecken fährt, sind Zugfahrten sehr teuer. Auch das Benzin, die Wartung, Versicherungen und mögliche Mautgebühren für Autos gehen ins Geld.

ICH BRAUCHE:

Dach über dem Kopf

Verkehrsmittel

20 €

LUXUS ODER NOTWENDIGKEIT?

Der eine wünscht es sich, der andere braucht es: das eigene Auto. Es ist sehr teuer und nicht immer notwendig, es ist aber meist sehr praktisch.

Ein Auto BRAUCHT man, wenn ...

- € es im Ort kaum öffentliche Verkehrsmittel gibt.

- € man für seine Arbeit Werkzeuge oder andere Ausrüstung mitnehmen oder viel umherfahren muss.

- € die Kinder nicht zu Fuß zur Schule gehen können oder ältere Verwandte häufig zum Arzt gebracht werden müssen.

LEBENSHALTUNGSKOSTEN Die Regierung lässt immer wieder ermitteln, wie viel der Durchschnittsbürger für bestimmte Waren (Beispiele auf der nächsten Seite) ausgeben muss. Dieser Betrag wird dann mit der Summe verglichen, die die gleichen Waren z.B. vor 20 Jahren kosteten. So wird immer wieder festgestellt, wie sich die Lebenshaltungskosten ändern.

ESSEN

Essen ist lebenswichtig, aber die Kosten dafür sind sehr unterschiedlich. Man kann selbst kochen (mit teuren oder weniger teuren Zutaten), Fertiggerichte kaufen, Fast Food essen oder in edlen Restaurants speisen. Zu Hause kochen ist am billigsten – das sollte jeder unbedingt können!

KLEIDUNG

Kleidung ist notwendig, Mode dagegen eigentlich ein Luxus. Viele Leute denken aber, dass man für verschiedene Gelegenheiten unbedingt unterschiedliche Kleidung braucht. Entscheide selbst!

☆ *Essen*

☆ *Kleidung*

☆ FIXKOSTEN:
Strom, Gas, Wasser, Telefon, Steuern, Altersvorsorge, Versicherungen

FIXKOSTEN

Sie werden monatlich, vierteljährlich oder jährlich fällig, meist für Leistungen wie Telefon, Wasser, Strom usw. Die Rechnungen dafür werden oft beklagt (weil man diese Leistungen nicht so wahrnimmt wie Waren), aber sie müssen dennoch bezahlt werden.

Es ist eher ein LUXUS, wenn …
- man Arbeit, Schule und Läden leicht zu Fuß oder mit dem Fahrrad erreicht.
- der öffentliche Verkehr gut ausgebaut ist und Taxis billig sind.
- Unterhalt und Stellplatz des gewünschten Autos teuer sind.

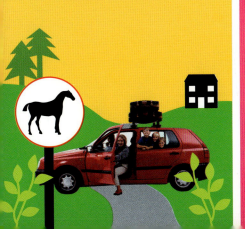

Das *Leben*

Wichtig ist nicht, was man HAT,

Warenkorb

Inflation ist der Anstieg der Preise im Lauf der Zeit (siehe Kasten gegenüber). Um ihre Höhe zu ermitteln, wählt die Regierung mehrere Hundert Waren aus, die die meisten Menschen brauchen, und beobachtet ihre Preisentwicklung. Der „Warenkorb" enthält verschiedene Dinge:

Diese Preise* kommen uns heute sehr günstig vor, aber man muss bedenken, dass die Gehälter der Menschen (und das Taschengeld) früher auch sehr niedriger waren! Für 1950 waren die Preise also ganz normal.

* umgerechnet von der alten Deutschen Mark

1950

NAHRUNG z. B. Kaffee, Fleisch, 1 Laib Brot, 1 Liter Milch
WOHNUNG z. B. Monatsmiete, Bett und Bettzeug, Heizung
KLEIDUNG z. B. Jeans, Herrenhemden, Damenkleider, Kinderschuhe
VERKEHR z. B. Neuwagen, Flugtickets, Busfahrkarten, Fahrrad
MEDIZIN z. B. zahnärztliche Vorsorge, Brillen, Medikamente
FREIZEIT z. B. Fernsehgerät, Tierfutter, Kinokarten, Kamera
KOMMUNIKATION UND **BILDUNG** z. B. Briefmarken, Telefonanschluss, Gitarrenunterricht
DIENSTLEISTUNGEN z. B. Haarschnitt, Massage, Maniküre

ist TEUER

sondern was man damit TUN kann.

2009

Diese Preise bezahlt man heute in etwa für diese Waren. Wegen der Inflation sind sie viel höher als im Jahr 1950. Das bedeutet, dass derselbe Geldbetrag heute *weniger* wert ist als 1950.

Was ist Inflation?

Inflation ist der allmähliche Preisanstieg von Waren und Dienstleistungen, der dadurch entsteht, dass weniger Waren da sind als Leute, die diese Waren kaufen wollen. Anders ausgedrückt: Inflation entsteht, wenn zu viel Geld hinter zu wenig Waren herjagt. Wenn die Wirtschaft wächst und die Leute mehr verdienen, können sie sich mehr kaufen. Wenn allerdings die Preise schneller steigen als der Verdienst, kaufen die Leute weniger, weil ja die Kaufkraft jedes verdienten Euros immer kleiner wird. Für dieselben oder sogar weniger Waren braucht man immer mehr Geld. Das Geld, das man verdient, ist weniger wert.

45 €

2,50 €

1,90 €

1,10 €

13 €

180 €

250 €

Was die ZUKUNFT bringt

Wenn Kinder krank werden, kümmern sich die Eltern darum, dass sie versorgt werden. Aber was machen *Erwachsene*, wenn sie krank werden? Und wer kümmert sich um *alte Leute*? Erwachsene müssen *vorsorgen*, damit sie im Notfall Geld haben. Und das geht so …

In den Jahren, in denen ich arbeitete, zahlte ich jeden Monat einen Beitrag in die Rentenkasse. Nun bekomme ich die Rente und kann in Ruhe den Garten pflegen und mit meinen Enkeln spielen.

EIN EIGENES HEIM

Die meisten Menschen müssen für ihre Wohnung oder ihr Haus den größten Geldbetrag ausgeben. Man kann entweder mieten oder kaufen. Miete heißt, dass man dem Eigentümer monatlich Geld zahlt. Der Vorteil ist, dass man leichter umziehen kann und nur kleine Reparaturen selbst bezahlen muss. Ein Kauf ist sehr teuer. Meist muss man dafür bei der Bank einen Kredit aufnehmen, also Geld leihen. Der Kredit muss über viele Jahre hinweg in monatlichen Raten zurückgezahlt werden.

JETZT SPAREN!

Niemand arbeitet sein ganzes Leben lang. Wer in den Ruhestand geht (im Alter von 60 bis 67), verdient nichts mehr, braucht aber trotzdem Geld zum Leben. Deshalb benötigt man eine Altersvorsorge. In den Arbeitsjahren zahlt man regelmäßig Geld ein und wenn man aufhört zu arbeiten, bekommt man jeden Monat eine bestimmte Summe ausbezahlt. Es gibt verschiedene Arten der Altersvorsorge: privat, betrieblich und staatlich.

Hoffe, dass alles gut geht, aber *plane* für den Notfall!

IM NOTFALL ...

Manchmal können schreckliche Dinge passieren wie Unfälle, Einbrüche oder Brände. In solchen Fällen braucht man eine Versicherung. Wer eine Versicherung abschließt, bezahlt monatlich einen kleinen Betrag an die Versicherungsgesellschaft. Dafür hat man die Sicherheit, dass man in Notfällen Geld von der Versicherung bekommt.

GESUNDHEIT

Irgendwo muss das Geld für all unsere Bedürfnisse herkommen. Manche Länder wie die USA erheben niedrige Steuern und verlangen dafür, dass die Bürger selbst eine Krankenversicherung abschließen. In vielen europäischen Ländern fordert der Staat hohe Steuern, bezahlt aber dafür die Gesundheitsausgaben seiner Bürger. Deutschland hat ein eigenes System: Jeder schließt selbst eine Versicherung ab. Für Arbeitnehmer bezahlen die Arbeitgeber die Hälfte der Beiträge.

HALTET DEN DIEB! Der Mann hat meinen Fernseher gestohlen! Ein Glück, dass meine Hausratversicherung mir ein neues Fenster und ein neues Fernsehgerät bezahlt!

Es gibt viele Arten von Versicherungen: Kfz-Haftpflicht- und Kaskoversicherung, falls man einen Unfall mit Schäden am fremden (oder eigenen) Auto verursacht; Krankenversicherung, falls man hohe Arztrechnungen bezahlen muss; Auslandskrankenversicherung, falls man im Urlaub erkrankt; sogar für Haustiere kann man Versicherungen für teure Behandlungen des Tierarzts abschließen. Man sorgt so für finanzielle Notfälle vor, denn: Sicher ist sicher!

Du hast

Glückwunsch! Du hast in einer
150 000 € sofort oder 15 000 € pro

150 000 € JETZT

1

> Oh, Mann, was ich mit so viel Geld alles kaufen könnte! Das wäre so toll, ich kann es gar nicht sagen …

2

> Mit der Summe könnte ich ein Haus kaufen oder Schulden bezahlen. Dann brauche ich mir in Zukunft keine Sorgen mehr zu machen …

3

JETZT In 5 JAHREN In 10 JAHREN In 20 JAHREN

> Bei hoher Inflation sind 15 000 € pro Jahr in 20 Jahren nicht mehr viel wert und ich werde es bereuen, dass ich nicht die 150 000 € nahm …

4

JETZT

1000 MUSTERMANN AG
AKTIE
Eintausend Euro – 1000 €

Der Inhaber dieser Aktie ist mit einem Betrag von eintausend Euro bei der Mustermann AG mit allen satzungsmäßigen Rechten und Pflichten beteiligt.

Mustermann AG München

Datum   Unterschrift

ZUKUNFT

> Ich kann die gesamten 150 000 € anlegen und hoffen, dass die Summe anwächst …

5

In 10 JAHREN In 5 JAHREN JETZT

> Wenn ich das Geld spare, erhalte ich mein Leben lang rund 7500 € Zinsen pro Jahr und kann die ganze Summe später den Kindern vererben …

gewonnen!

Lotterie gewonnen und darfst wählen: Jahr dein Leben lang. **Was nimmst du?**

15 000 €
pro Jahr,
für immer

… aber ich lebe ja (hoffentlich) noch länger als 10 Jahre und dann würde ich mehr als 150 000 € erhalten – vielleicht zwei oder drei Mal so viel.

20 Jahre

1

… ich könnte aber auch mit den 15 000 € pro Jahr den Kredit für einen Hauskauf abbezahlen oder eine größere Anschaffung tätigen, z.B. ein Auto oder einen Urlaub.

2

… aber vielleicht ist die Inflation gar nicht so hoch und immerhin sind 15 000 € ein garantiertes Einkommen zusätzlich zum übrigen Verdienst.

Jedes Jahr, mein ganzes Leben lang …

3

… ich kann aber auch die jährliche Zahlung verwenden, um immer meine Fixkosten zu bezahlen.

2009
1. Miete ✓
2. Kosten ✓
3. Urlaub
4. Wünsche

Wie lautet die Antwort?

Sie hängt von vielen Faktoren ab: Wie lange wird man wahrscheinlich noch leben? Wie werden sich Zinsen und Inflation entwickeln? Gibt es eine große Anschaffung, die man unbedingt sofort tätigen muss?

… ich kann aber auch einen Teil der 15 000 € sparen. Allerdings hört die Zahlung bei meinem Tod auf und die Kinder erben nur meine Ersparnisse.

Finde Kunden und stelle sie zufrieden. Wo ist das Problem?

Was ist WIRTSCHAFT?

In der **Wirtschaft** geht es gar nicht um **Geld!**

Es geht nicht um das, was wir oder Unternehmen

oder sogar Regierungen und ganze Länder

produzieren oder *kaufen*.

Es geht um *Menschen,* ihre
Gefühle und ihr Verhalten.
Und Menschen sind
wirklich sehr schwer
zu verstehen.

Die Wirtschaft fragt: Wie treffen Menschen ENTSCHEIDUNGEN?

Es gibt so viele Dinge auf der Welt, aber man *kann nicht* alles haben. Also muss man *auswählen.*

DU ENTSCHEIDEST: Will ich eine *Jacke* oder *Turnschuhe* vom Taschengeld?

 Du hast die Wahl. Nutze sie gut!

Wie gebe ich mein GELD am klügsten aus?

(Ich will beides, aber ich habe nicht genug Geld dafür.)

Was WILL ich und

was BRAUCHE ich?

(Ich will die Turnschuhe, aber ich brauche eine Jacke.)

Was macht mich ZUFRIEDENER?

*(Mit den Turnschuhen sehe ich cool aus,
mit der Jacke ist mir immer schön warm!)*

....

**Die Wirtschaftswissenschaft untersucht,
wie wir** – Kinder, Erwachsene, Unternehmen,

Regierungen und ganze Länder –

auswählen. Sie erforscht auch das

Gesamtbild, *das sich ergibt, wenn man*

alle Entscheidungen zusammen betrachtet.

Alles über unsere

Die Welt ist voller *Waren* und *Dienstleistungen,* für die wir Zeit und heruntergeladene Songs. *Dienstleistungen* werden dagegen von Leuten

Es gibt vier Arten von Ressourcen:

1 Rohstoffe

Dazu gehört alles, was wir der Natur entnehmen: Erdöl, Wasser, Luft, Holz, Tiere und Mineralien. Das erfordert oft viel Arbeit und Technik. Nach Öl muss man z.B. tief bohren und es dann aus der Erde pumpen.

Edelsteine

Steine & Mineralien

Wasser

Erdöl

Holz

Ressourcenabbau ist mit Kosten verbunden.

2 Kapital

Zum Abbau von Ressourcen braucht man meist eine gute Ausrüstung – Werkzeug, Maschinen und Computer. Sie herzustellen, zu kaufen und zu unterhalten kostet viel Geld.

Werkzeug

Fabriken

Fahrzeuge

EIN REZEPT

Um etwas herzustellen, muss Dinge kombinieren. Eine mit dem man Waren produziert, die man

Man nehme ein paar Ressourcen,

Ressourcen

Geld brauchen. *Waren* sind Dinge, die man kaufen kann, wie Bücher oder erbracht, z. B. Haare schneiden oder eine Fußballmannschaft trainieren.

Manager

Experten

Personal

Personal

3

Es muss Menschen geben, die die Arbeit planen und ausführen und die Werbung, Vertrieb und Verkauf übernehmen. Außerdem müssen die Leute, die diese Arbeiten tun, organisiert werden.

Ideen

Probleme

Pläne

Unternehmergeist

4

Ohne Ideen gäbe es gar nichts. Unternehmer sind Menschen, die gute Ideen für neue Produkte oder Herstellungsverfahren haben. Der menschliche Erfindungsreichtum kennt praktisch keine Grenzen.

FÜR ALLES

man bereits vorhandene Ressource ist etwas, oder Dienstleistungen verkaufen kann.

mische sie und mache etwas Neues!

Ein guter Plan

… und wie man ihn umsetzt

Mark ist ein Unternehmer mit einer guten Idee. Er will eine Firma gründen, um Marmelade auf dem Markt zu verkaufen. Um sein Ziel zu erreichen, muss er viele Dinge bedenken. Vor allem aber muss er sich die **Kosten** überlegen, die auf ihn zukommen, von den **Ressourcen** bis zum **Preis** der Marmelade.

… und rechnet alles nach.

Er rechnet aus, was alles kosten wird – auch die Kosten für seine eigene Zeit und Arbeit.

Mark versucht es zunächst mit 2 € pro Glas.

Bei 1 € pro Glas verkauft Mark viel, aber

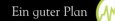

Eines schönen Tages ...

Hier geht's los!

Ich liebe Omas Marmelade und das wird bestimmt allen so gehen. Ich werde große Mengen nach ihrem Rezept kochen und dann verkaufen!

Mark hat eine Idee für ein gutes Geschäft.

Mark überlegt sich alles genau ...

Rohstoffe: Obst und Gelierzucker für Marmelade

Personal: Ein Koch und Leute, die abfüllen und beschriften

Kapital: Töpfe, Gläser, ein Lieferwagen

Unternehmergeist: Die Idee und Omas Rezept

Er überlegt, was er dazu alles braucht.

Einen Monat später.

Jetzt fangen wir an!

Mark kocht Marmelade ...

Eine Woche danach.

Das Produkt ist fertig.
Auf zum Markt!

... und fährt auf den Markt.

Eines frühen Morgens ...

Ein Glas Marmelade herzustellen kostet rund 90 Cent. Wie viel soll ich also verlangen?

Mark muss einen Preis festlegen.

Schlechtes Geschäft

Supergünstig!

ohne Gewinn.

Am nächsten Tag.

Ich brauche einen Gewinn, aber die Leute wollen es billig, sonst kaufen sie nicht. Ich versuche es mit 1,50 €.

Mark verkauft viel UND macht Gewinn.

1 Monat später.

Es läuft prima!

Jetzt verkauft er auf vielen Märkten.

Fortsetzung folgt ...

Mark brauchte mehrere Versuche, um den richtigen Preis herauszufinden. War der Preis zu hoch, kauften ihm die Leute nichts ab. War er dagegen zu niedrig, verkaufte er zwar viel, aber es blieb kein Gewinn für ihn übrig. Und auch wenn ihm das gar nicht bewusst war: Genau so funktioniert das Gesetz von Angebot und Nachfrage.

Was ist Wirtschaft?

Ich als Hersteller liefere Marmelade. Ich biete sie an.

ANGEBOT &

Ich will einen möglichst hohen Gewinn machen.

Das ist zu teuer. Da kaufe ich doch lieber Honig.

Das Wichtigste, was man in der Wirtschaft kennen sollte, ist das Gesetz von Angebot und Nachfrage.

Ich will den höchsten Preis, zu dem ich die Ware verkaufen kann.

PREIS ZU HOCH

Der **Hersteller** verdient Geld (macht *Gewinn*), indem er mehr verlangt, als die Herstellung kostet. Hohe Preise bedeuten hohe Gewinne, aber für den **Verbraucher** wird es bald *zu teuer* und er **kauft weniger** (oder nichts mehr). Dann erhält der Hersteller weniger (oder keinen) Gewinn und der Verbraucher weniger (oder keine) Ware.

DER PREIS

Wenn die Nachfrage steigt, steigt entweder auch das Angebot oder der Preis oder beides. Erwarten die Hersteller hohe Gewinne bei Marmelade, produzieren sie mehr. Bald gibt es einen Überschuss und die Nachfrage sinkt.

Adam Smiths unsichtbare Hand

Die Wechselwirkung zwischen Verbrauchern und Herstellern führt dazu, dass sich schließlich ein Gleichgewichtspreis bildet. Adam Smith bezeichnete u.a. dies als die „unsichtbare Hand des Marktes".

Angebot gleich Nachfrage

DIE WIRKUNG DER NACHFRAGE

Nehmen wir an, es gibt nur noch drei Melonen auf dem Markt, aber 12 Leute wollen eine kaufen. Die **Nachfrage** nach Melonen ist hoch, also kann der Händler oder **HERSTELLER** *mehr Geld verlangen* (solange sie dann noch jemand kauft). Bei hoher Nachfrage steigt der Preis.

Hohe Nachfrage lässt Preise steigen.

Ich als *Verbraucher* will Marmelade kaufen. Ich *frage sie nach.*

NACHFRAGE

Dieses Gesetz erklärt die Preis-bildung: **Bei hoher Nachfrage steigen auch die Preise.** Aber was bedeutet das?

Ich habe viele Kunden, aber wenig Gewinn.

Ich möchte mehr kaufen, aber es ist nichts mehr da!

Ich bin mit diesem Preis zufrieden (aber weniger wäre mir lieber).

PREIS ZU NIEDRIG

Billige Marmelade verkauft sich gut. Einige **Verbraucher** profitieren vom *niedrigen* Preis – aber die anderen bekommen nichts mehr, weil alles bald **ausverkauft** ist. Der **Hersteller** deckt gerade noch seine Kosten, macht aber *wenig Gewinn*, obwohl er die gesamte Marmelade verkauft. Mit einem höheren Preis hätte er mehr Gewinn erzielt.

IST HEISS

Sinkende Nachfrage führt zu sinkenden Preisen. Irgend-wann pendelt sich schließ-lich ein **Gleichgewichts-preis** ein. Der Hersteller macht Gewinne, der Ver-braucher kann sich die Ware leisten und alle sind zufrieden.

= *Gleichgewichtspreis.*

Andere Händler sehen, dass viele Leute Melonen kaufen. Am nächsten Tag bieten 10 Händler Melonen an. Jetzt, wo es so viele gibt, bleiben viele übrig, weil nicht genug **VERBRAUCHER** sie kaufen wollen – die **Nachfrage** ist niedrig. Wenn ein Händler Melonen verkaufen will, muss er *weniger Geld verlangen,* damit die Leute nicht bei anderen Händlern kaufen. Bei sinkender Nachfrage sinkt der Preis.

Preise ändern sich schnell wie der Wind

Die Preise verändern sich ständig, um den aktuellen Gleichgewichtspreis zu erreichen. Sie werden von vielen Faktoren beeinflusst. Regenschirme verkaufen sich z. B. bei Regen besonders gut. Dann können Händler hohe Preise verlangen.

 Geringe Nachfrage lässt Preise sinken.

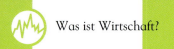

Was ist ein FREIER

> Ich kann meine Preise selbst bestimmen, weil wir in einer freien Marktwirtschaft leben.

„Freier Markt" heißt nicht, dass man alles *kostenlos* bekommt! Es bedeutet, dass man **frei handeln** kann.

WAS IST FREIE MARKTWIRTSCHAFT?

Menschen, die in einer freien Marktwirtschaft leben, können selbst Entscheidungen treffen und von diesen Entscheidungen profitieren.

FREIHEIT

Menschen können frei wählen, wo sie wohnen und was und für wen sie arbeiten wollen.

GEWINN

Produzenten dürfen mehr verlangen, als die Herstellung kostet, und Gewinne behalten.

PRIVATEIGENTUM

Eigentum ist per Gesetz erlaubt und Diebstahl wird bestraft. So lohnt es sich, Geld zu verdienen, weil man sich dann mehr Dinge leisten kann.

HANDEL

Jeder kann frei über sein Geld verfügen – Waren und Dienste kaufen, sparen oder in ein Unternehmen investieren.

WETTBEWERB

Firmen dürfen ähnliche Produkte anbieten. Das verhindert, dass die Preise zu hoch steigen.

IST DER MARKT TATSÄCHLICH FREI?

Viele Länder praktizieren zwar eine freie Marktwirtschaft, aber es gibt trotzdem Gesetze, die verhindern, dass jeder alles tun kann, was er will. Mit manchen Dingen darf man nicht handeln (z. B. mit Kindern oder illegalen Drogen). Außerdem müssen Firmen einen Teil ihres Gewinns als Steuern an den Staat abführen.

> Ich bin unverkäuflic[h]

MARKT?

> Ich sollte mal wieder mehr Geld einplanen.

Was ist das Gegenteil?

In einer *Planwirtschaft* gehören alle Ressourcen der Regierung. Sie bestimmt, was und wie viel hergestellt wird und wer es produzieren soll. Es nützt nichts, gute Ideen zu haben, denn selbst wenn man sie verwirklichen könnte, dürfte man nichts vom Gewinn behalten.

TOMATEN 1,80 €/KG

GRÜNE BOHNEN 2,10 €/KG

NARZISSEN 4 €/STRAUSS

ZWIEBELN 1,60 €/BUND

GRÜNE TOMATEN 1,60 €/KG

GURKEN 0,95 €/STÜCK

Vergangene Istkosten

Es ist Freitagnachmittag: Jemand bietet einem Blumenverkäufer 10 € für einen Strauß, der 15 € kostet (Selbstkosten 8 €). Soll er verkaufen? Ja, denn er hat die 8 € ja schon ausgegeben, also sind 10 € immer noch ein Gewinn. Was, wenn er 8 € bekäme? Wieder ja, denn so sind die Kosten gedeckt. 6 €? Ja: Er verliert nur 2 € statt 8 €. Die ausgegebenen 8 € sind Istkosten, die er vielleicht nie zurückerhält.

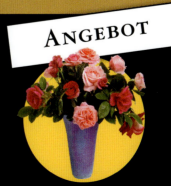

ANGEBOT

Globale Wirtschaft

Wie *Hersteller* und *Verbraucher* auf dem Wochenmarkt handeln auch Länder miteinander. Das nennt man GLOBALE WIRTSCHAFT.

WAS IST „DIE WIRTSCHAFT"?

Wirtschaft ist die Weise, wie ein Land seine Ressourcen einsetzt: Geld, Arbeitskräfte oder Gebäude usw. Spricht man von „der Wirtschaft" eines Landes, will man damit oft auch ausdrücken, wie viel Geld ein Land besitzt oder was ein Land wert ist.

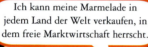

Ich kann meine Marmelade in jedem Land der Welt verkaufen, in dem freie Marktwirtschaft herrscht.

Maßstäbe

Wirtschaftswissenschaftler kennen drei verschiedene Märkte: den lokalen (eine Region), den nationalen (ein ganzes Land) und den globalen (die Welt).

Warentransport

Überall, wo gehandelt wird, müssen Waren vom Hersteller zum Verbraucher gebracht werden. Dazu gehört der Lieferservice des Gemüsehändlers ebenso wie der weltweite Transport von Gütern per Schiff und Flugzeug.

Was ist im Angebot?

Natürlich wird weltweit nicht nur Obst und Gemüse verkauft. Man kann alle möglichen Güter kaufen und verkaufen, sogar Arbeitskräfte. Meist ist für solche Transaktionen ein Transportmittel nötig. Menschen und nicht greifbare (nicht körperliche) Güter wie Informationen und Ideen müssen dagegen nicht immer tatsächlich an andere Orte gebracht werden. Zur Kommunikation werden heute oft Technologien wie Telefon und E-Mail eingesetzt.

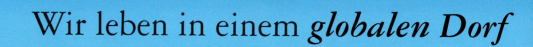

Wir leben in einem *globalen Dorf*

„Auf Pump" leben

Auch Länder leihen sich manchmal Geld, um
Dinge kaufen zu können. Die Gesamtschulden
eines Landes nennt man „Staatsverschuldung".
Ebenso wie private Schulden müssen sie
zurückgezahlt werden – mit Zinsen.

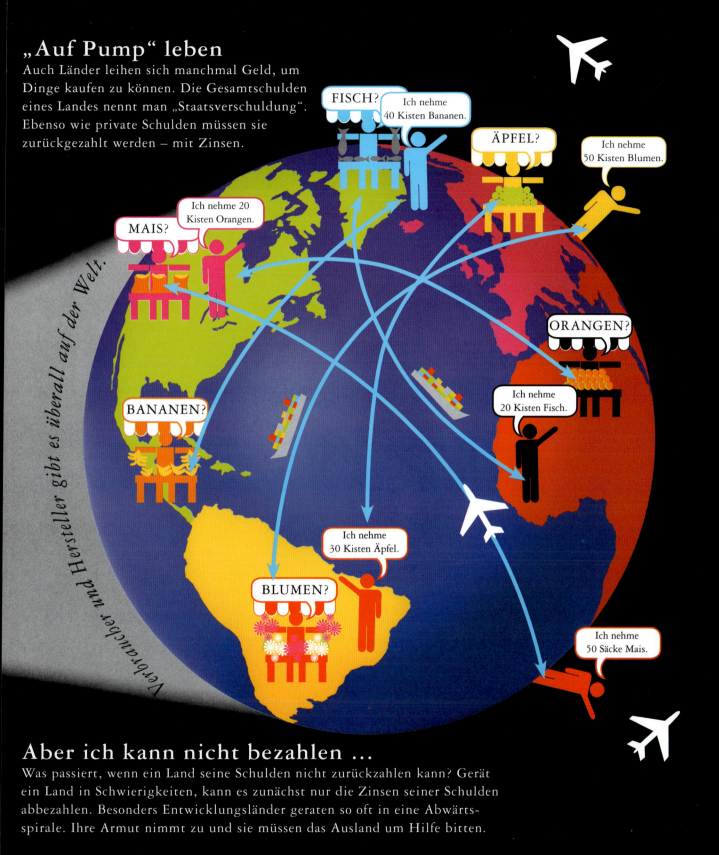

Aber ich kann nicht bezahlen …

Was passiert, wenn ein Land seine Schulden nicht zurückzahlen kann? Gerät
ein Land in Schwierigkeiten, kann es zunächst nur die Zinsen seiner Schulden
abbezahlen. Besonders Entwicklungsländer geraten so oft in eine Abwärts-
spirale. Ihre Armut nimmt zu und sie müssen das Ausland um Hilfe bitten.

und treiben Handel über weite Entfernungen.

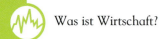

Ein Auf und Ab

Die *vier Konjunktur-phasen* gleichen den *vier Jahreszeiten.* Sie folgen stets in derselben Reihen-folge aufeinander, aber im Gegensatz zur Natur ist die Dauer der Konjunktur-phasen unterschiedlich und unvorhersehbar – *obwohl Ökonomen es oft versuchen.*

INFLATION

Was ist Inflation?

Knausern statt knabbern – das mag ich nicht!

Inflation bedeutet, dass die Preise steigen. Stell dir vor, du bekommst 10 € Taschen-geld pro Woche, aber der Preis für eine Pizza steigt von 3,25 € auf 5 €. Früher konntest du drei Pizzas kaufen, jetzt nur noch zwei. **Das ist Inflation!**

Aufschwung

Neue Geschäfte werden eröffnet und Arbeitsplätze geschaffen. Die Menschen blicken optimistisch in die Zukunft. Die Waren verkaufen sich im In- und Ausland gut.

1

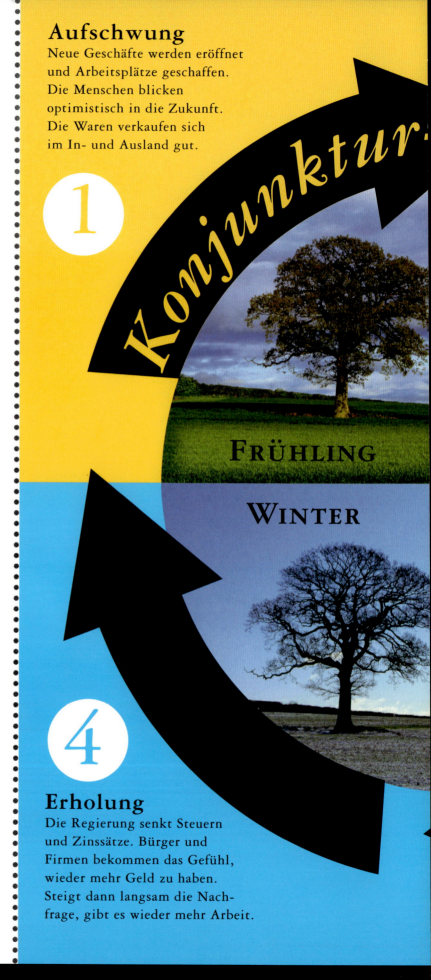

Konjunktur

FRÜHLING

WINTER

4

Erholung

Die Regierung senkt Steuern und Zinssätze. Bürger und Firmen bekommen das Gefühl, wieder mehr Geld zu haben. Steigt dann langsam die Nach-frage, gibt es wieder mehr Arbeit.

Wirtschaft besteht aus Zahlen *und*

Boom

Die Menschen ernten die Früchte ihrer Arbeit. Lohn und Gehalt steigen und die Leute können mehr Geld ausgeben. Die hohe Nachfrage löst aber eine steigende Inflation aus.

2

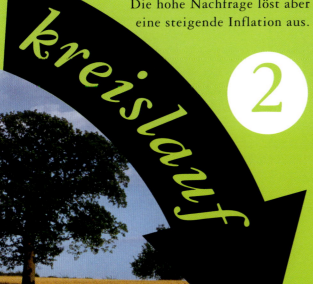

kreislauf

SOMMER

HERBST

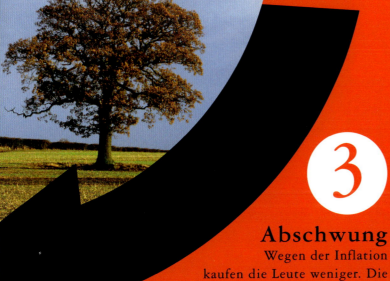

3

Abschwung

Wegen der Inflation kaufen die Leute weniger. Die Gewinne der Firmen sinken und sie müssen Leute entlassen. Die Leute haben weniger Geld, manche können ihre Kredite nicht zurückzahlen.

ERWARTUNGEN

Die Konjunkturphasen sind unvorhersehbar, weil sie nicht durch den Geldfluss ausgelöst werden, sondern durch die Erwartungen der Menschen an die Zukunft. Wie sehen ihre Gefühle aus? Stell dir vor, du öffnest ein Geschenk:

Optimistisch

Während eines **Aufschwungs** setzen die Menschen Vertrauen in ihre wirtschaftliche Zukunft.

Genau das, was ich mir gewünscht habe!

Besorgt

Wenn der **Boom** eine Zeit lang angehalten hat, werden die Leute nervös und fürchten, dass er bald enden könnte.

Ich weiß nicht, ob mir das gefallen wird …

Pessimistisch

In der Phase des **Abschwungs** fühlen sich die Menschen gestresst und unsicher.

Es ist bestimmt nicht das, was ich wollte.

Vorsichtig hoffend

In der **Erholungsphase** hoffen die Menschen, dass das Schlimmste bereits überstanden ist.

Ich hoffe, dass es etwas Schönes ist!

Gefühlen, ist Wissenschaft *und* Kunst.

STEUERN

Manche *Waren* und *Dienstleistungen* werden nicht von Firmen, sondern von der *Regierung* zur Verfügung gestellt. Regierungen müssen eine schwere Entscheidung treffen: Finanzieren sie z. B. Bildung oder Krankenhäuser durch höhere Steuern oder senken sie die Steuern, sodass die Menschen privat dafür bezahlen können?

NUR ZU BESUCH

Straßen

Eisenbahn

KFZ-STEUER

Flughäfen

Kindergärten

Sportstätten

Bildung

Universitäten

Öffentlicher Verkehr

EINKOMMENS-STEUER

Pensionen

5 €

Ich zahle keine!

Erwachsene zahlen Steuern auf ihr Gehalt und wir alle zahlen Steuern, wenn wir einkaufen. Bei fast allen Waren geht ein Teil des Kaufpreises an die Regierung.

Ein Kind zahlt keine Steuern!

STE

„In dieser Welt ist nichts sicher, außer dem *Tod* und den *Steuern.*"

Benjamin Franklin (1706–1790)

WOZU STEUERN?

Mit Steuern finanziert der Staat z. B. Ärzte, Auslandshilfe, Eisenbahn, Feuerwehr, Gefängnisse, Gerichte, Kindergärten, Krankenhäuser, Militär, Müllabfuhr, Museen, Notarzt, Parks, Pensionen, Polizei, Schulen, Sozialversicherungen, Sportstätten, Straßen und Universitäten.

Woher bekommt die Regierung Geld?

Es gibt drei Möglichkeiten: Sie kann Geld drucken lassen (das führt aber zu Inflation), sie kann es leihen (dann muss sie es zurückzahlen) und sie kann von den Bürgern Steuern verlangen. Steuern sind eine vernünftige Methode, um die Dinge zu finanzieren, die alle Bürger brauchen.

ZUSATZ-STEUER

Feuerwehr

Verkehrspolizei

Energie

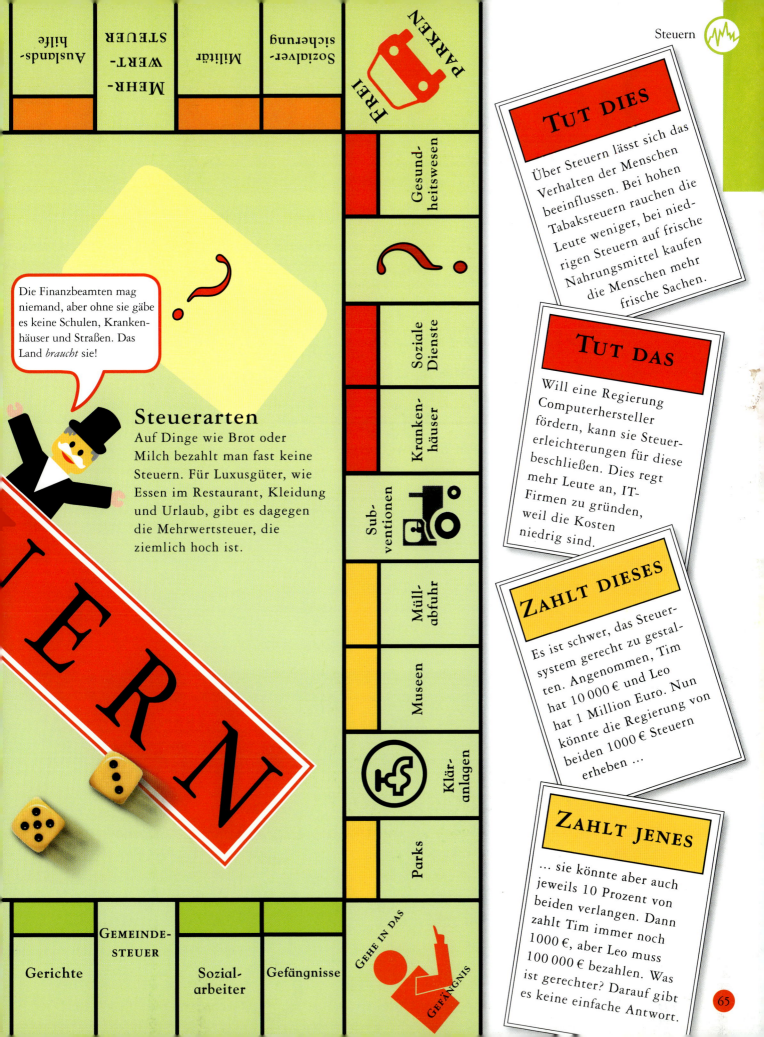

Auslands-hilfe

MEHR-WERT-STEUER

Militär

Sozialver-sicherung

FREI PARKEN

Gesund-heitswesen

Soziale Dienste

Kranken-häuser

Sub-ventionen

Müll-abfuhr

Museen

Klär-anlagen

Parks

GEHE IN DAS GEFÄNGNIS

Gefängnisse

Sozial-arbeiter

GEMEINDE-STEUER

Gerichte

Die Finanzbeamten mag niemand, aber ohne sie gäbe es keine Schulen, Kranken-häuser und Straßen. Das Land *braucht* sie!

Steuerarten

Auf Dinge wie Brot oder Milch bezahlt man fast keine Steuern. Für Luxusgüter, wie Essen im Restaurant, Kleidung und Urlaub, gibt es dagegen die Mehrwertsteuer, die ziemlich hoch ist.

TUT DIES

Über Steuern lässt sich das Verhalten der Menschen beeinflussen. Bei hohen Tabaksteuern rauchen die Leute weniger, bei nied-rigen Steuern auf frische Nahrungsmittel kaufen die Menschen mehr frische Sachen.

TUT DAS

Will eine Regierung Computerhersteller fördern, kann sie Steuer-erleichterungen für diese beschließen. Dies regt mehr Leute an, IT-Firmen zu gründen, weil die Kosten niedrig sind.

ZAHLT DIESES

Es ist schwer, das Steuer-system gerecht zu gestal-ten. Angenommen, Tim hat 10 000 € und Leo hat 1 Million Euro. Nun könnte die Regierung von beiden 1000 € Steuern erheben …

ZAHLT JENES

… sie könnte aber auch jeweils 10 Prozent von beiden verlangen. Dann zahlt Tim immer noch 1000 €, aber Leo muss 100 000 € bezahlen. Was ist gerechter? Darauf gibt es keine einfache Antwort.

65

Die besten Dinge

Mit Geld können die Menschen ihre Grundbedürfnisse befriedigen:
können sie sich das Leben erleichtern (z. B. Spülmaschine) und sich
...licher. Oft ist Zeit sogar wichtiger als Geld. Die Umarmung eines

Kann man Glück messen ...

Die Messung des Glücks

Die Regierung soll für Glück und Sicherheit sorgen.
Wird wirklich alles besser? Sieh dir Folgendes an:

- **BIP:** Gibt die Produktionsleistung eines Landes an. BIP
  pro Kopf wird oft als Maß für Wohlstand benutzt.
- **Lebensstandard:** Gibt an, wie viele Waren und Dienst-
  leistungen die Menschen in einem Land benutzen.
- **Echter Fortschrittsindikator:** Beruht auf BIP und
  bezieht u. a. Gesundheit und Verbrechensrate ein.
- **Index des menschlichen Entwicklungsstands:** Misst
  BIP, Lebenserwartung, Bildung und Lebensstandard.

Königreich des Glücks

1972 erfand der König von
Bhutan – einem winzigen Land
im Himalaja zwischen China
und Indien – das Brutto-
inlandsglück (BIG). Er wollte
nicht mehr Wirtschaftswachstum, sondern wirtschaftliche
Gerechtigkeit, Erhaltung
von Kultur und Umwelt und
bessere Regierung als Ziele
seiner Politik festschreiben.

Hin und wieder eine *Freude* macht dich

WIE WIRST DU GLÜCKLICH?

Es ist nicht schwer, sich glücklicher zu fühlen.
Probiere einmal diese einfachen Regeln aus:

 Sieh weniger fern und
wähle nur gute Sendungen.

 Ernähre dich gesund. Das gibt
mehr Energie und du fühlst dich
glücklicher.

 Verbringe mehr Zeit
mit netten Menschen.

 Kaufe weniger. Kaufen befriedigt
nicht, man kauft nur immer mehr!

 Denke an Schönes
und lächle möglichst oft.

kosten nichts

Essen, Kleidung, Wohnung und Gesundheit. Bleibt noch etwas übrig, etwas gönnen (Urlaub). Noch mehr Geld macht aber selten noch glück-Freundes oder ein herrlicher Sonnenuntergang sind ~~unbezahlbar~~.

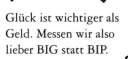

> Glück ist wichtiger als Geld. Messen wir also lieber BIG statt BIP.

38 39 40 41 42 43 44 45 46 47 48 49 50 51 52 53 54 55 56 57 58 59 60

... und wenn ja, wie?

Glück ist relativ!

Wenn deine Oma dir 100 € gäbe, wärst du glücklich. Wenn sie deiner Schwester aber 200 € gäbe, wärst du sauer. Warum? Du hast doch trotzdem 100 € mehr als zuvor! Ja, aber Glück ist relativ. Wir vergleichen das, was *wir* haben, mit dem, was *die anderen* haben.

> Für kurze Zeit war ich froh, aber jetzt will ich auch das, was sie hat.

> Ich freue mich! (Aber was schenkt Oma wohl unserem Bruder?)

glücklicher als eine *Freude* an jedem Tag.

 Mach dir eine Freude, aber nicht zu oft, das wäre langweilig.

 Fordere dich heraus, du musst ja nicht gewinnen.

 Treibe mehr Sport, dann schläfst du auch besser.

 Hilf anderen und tue Gutes für andere Menschen.

 Verbringe mehr Zeit draußen und in der freien Natur.

 Lache! Die Wirkung eines Lachens hält lange an.

Die Welt der
UNTERNEHMEN

Geld regiert die Welt, aber **Arbeit** treibt die Menschen morgens aus den Federn

(und hält sie nachts manchmal wach).

Warum braucht man Arbeit?

Welche Arten von Arbeit gibt es?

Wie verändert sich die Arbeitswelt?

Wie wird man am besten reich?

Das sind *gute Fragen.*

Es folgen einige Antworten ...

Warum arbeiten?

Stellst du dir manchmal vor, *was du arbeiten wirst,* wenn du einmal erwachsen bist? Was wird dir wohl gefallen und was nicht? Für die meisten Menschen ist Arbeit eine Notwendigkeit, aber trotzdem arbeiten sie aus den *verschiedensten Gründen.* Sehen wir uns einige an!

Wegen des GELDES.

Ich arbeite gern im Team, wo meine Fähigkeiten **nützlich** sind.

Mir *macht es Spaß* und ich mag die Kollegen.

Ich halte meine Arbeit für *wichtig.*

MINDESTLOHN

In vielen Ländern, u.a. in den USA, Kanada, Australien und einigen europäischen Ländern, gibt es Mindestlöhne, die per Gesetz und nicht auf dem freien Markt festgelegt werden. Jeder soll von seiner Arbeit leben können.

ARBEITS-BEDINGUNGEN

Unternehmen müssen per Gesetz eine sichere Arbeitsumgebung schaffen. Viele Unternehmen bieten zusätzlich Hilfe bei der Altersvorsorge oder andere Zusatzleistungen wie Urlaubs- und Weihnachtsgeld, um sich die besten Arbeitskräfte zu sichern.

DISKRIMINIERUNG

In vielen Ländern müssen Arbeitgeber und Mitarbeiter einen Arbeitsvertrag abschließen, in dem die Arbeit genau geregelt ist. Niemand darf ohne guten Grund entlassen und wegen seiner Religion, Herkunft, Alter oder Geschlecht benachteiligt werden.

ARBEITSZEITEN

Im letzten Jahrhundert haben Gesetze und der Druck der Gewerkschaften (Arbeiterorganisationen) dafür gesorgt, dass meist nur noch an 5 Tagen die Woche rund 8 Stunden täglich gearbeitet wird.

Eine **hervorragende Frage,** besonders weil man in der Regel etwa **75 000 Stunden** seines Lebens arbeitend verbringt.

Ich bin gern *beschäftigt.*

Was wollen Sie von mir? Also, äh, kein Kommentar!

Na ja, ich spiele nur „Arbeit" ...

Ich bin auf Arbeit programmiert.

ENDE DER ARBEIT

Die Lebenserwartung steigt und viele Menschen wollen im Alter länger arbeiten. Immer seltener werden Menschen zwangsweise in den Ruhestand geschickt. Viele bevorzugen einen allmählichen Übergang.

SCHWARZMARKT

Illegale Drogen, Waffen und Diebesgut werden auf dem „Schwarzmarkt" gehandelt. Dort arbeiten auch Kinder und illegale Einwanderer unter schlechten Bedingungen für weniger als den Mindestlohn und ohne Absicherung.

DÜRFEN KINDER ARBEITEN?

In den meisten Ländern dürfen Kinder unter 16 Jahren in der Regel nicht arbeiten. In einigen Entwicklungsländern ist dies anders, weil die Familien auf den Lohn der Kinder angewiesen und die Arbeitsgesetze schwerer durchzusetzen sind.

VERNICHTEN MASCHINEN ARBEIT?

Ganz sicher nicht! Es werden ja laufend neue Firmen gegründet. Lernt also ein Computer oder Roboter, eine bestimmte Arbeit zu erledigen, hat sofort wieder jemand eine neue Idee, die eine neue Art von Arbeit für Menschen schafft.

GUT ...

Genug für alle!

Je mehr sich die Entwicklungsländer am globalen Handel beteiligen, desto mehr Menschen können sich die Waren und Dienstleistungen **leisten**, die in entwickelten Ländern selbstverständlich sind: z.B. Autos, Urlaub oder Computer.

Bau

Gebäude brauchen Ziegelsteine, Stahl, Beton, Holz, Glas, außerdem Architekten, Ingenieure und Bauarbeiter.

Heizung

Die meisten Heizungen und Klimaanlagen in heutigen Häusern werden mit Strom oder Gas betrieben.

Möbel

Alle Stühle, Tische, Schränke, Sofas und Betten in jeder Wohnung müssen von jemandem gebaut werden.

Wasser

Wasser kommt aus dem Hahn – dank der Arbeiter, die die Rohre legen und die Wasserqualität sicherstellen.

Kleidung

Baumwolle wird angebaut, geerntet und gesponnen. Aus Fäden webt man Stoffe und daraus wird Kleidung genäht.

Bildung

Dazu gehören die Lehrer, die Leute, die sie ausbilden, und die Autoren der Schulbücher.

DU bist

Für alles, was du tust, brauchst du Waren oder Dienstleistungen, die von anderen Menschen produziert werden. Überall sind Leute dabei, alles Mögliche herzustellen und zu dir zu bringen ...

Bezahlst du andere Menschen dafür, dass sie etwas für dich tun, sind das *DIENSTLEISTUNGEN.*

KONSUMENT

Sieh dich einmal genau an. Du sitzt jetzt sicher still da und liest dieses Buch, aber weißt du überhaupt, **wie viele Waren und Dienstleistungen du benutzt, ohne es zu merken?**

Dinge, die du kaufen kannst, nennt man *WAREN.*

Genug für alle?

Viele Wissenschaftler glauben, dass die Ressourcen der Erde bei unverändertem Verbrauch **nicht ausreichen.** Die Menschen in den entwickelten Ländern müssen ihren Verbrauch verringern, damit die Entwicklungsländer ihren gerechten Anteil erhalten.

Energie

Die meisten Geräte brauchen Strom. Strom wird mit Öl, Gas, Kohle, Solar-, Wind- oder Kernenergie produziert.

Landwirtschaft

Die Pflanzen und Tiere, die wir verzehren, werden von Bauern angebaut bzw. aufgezogen und geliefert.

Telekommunikation

Telefon und E-Mail entwickeln sich rasend schnell. Vor 20 Jahren hatte z.B. kaum jemand ein Handy.

Unterhaltung

Fernsehprogramme, Computerspiele, Bücher und Musik stammen von begabten Leuten in der Unterhaltungsbranche.

Verkehr

Unzählige Menschen sorgen für den reibungslosen Verkehr von Autos, Bussen, Zügen und Flugzeugen.

Pharmazie

Die Pharmazie entwickelt und produziert Medikamente gegen viele Krankheiten.

Was ist was?

Es gibt viele Unternehmensformen. Worin *unterscheiden* sie sich? Das kann man daran erkennen, *wer vom Gewinn profitiert* – Familienmitglieder, Aktionäre, Partner, Angestellte, Kunden, eine gemeinnützige Organisation oder die ganze Gesellschaft.

Aktiengesellschaft

Jeder Erwachsene kann Aktien kaufen und somit Anteile an einem Unternehmen erwerben. Die Aktionäre wählen den Vorstand, der stellvertretend das Unternehmen führt. Gemäß der Zahl ihrer Aktien erhalten die Aktionäre einen Teil des Gewinns als Dividende.

Familienunternehmen

Ein Unternehmen, das einer Familie gehört und oft – aber nicht unbedingt – von Familienmitgliedern geleitet wird.

Personengesellschaft

Zwei oder mehr Personen gründen eine Firma, leiten sie, teilen die Gewinne und haften für Verluste. Damit sie Verluste nicht aus ihrem Privatvermögen bezahlen müssen, wählen sie oft die „Gesellschaft mit beschränkter Haftung" (GmbH) als Rechtsform. Es gibt aber auch andere.

Soziale Unternehmen

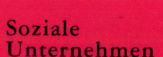

Sie handeln wie normale Unternehmen und erwirtschaften Gewinne, haben aber auch andere Ziele, z. B. die Beschäftigung bestimmter Mitarbeiter, Bildung oder Öffentlichkeitsarbeit und Engagement für einen bestimmten Zweck.

Genossenschaften

Genossenschaften werden von ihren Mitgliedern verwaltet. Beim Eintritt bezahlt man einen bestimmten Geldbetrag als Pflichteinlage. Dafür kann man ihre Dienste in Anspruch nehmen, erhält einen Teil des Gewinns und darf bei der Wahl des Vorstands und des Aufsichtsrats aus den eigenen Reihen mit abstimmen.

Franchise

Diese Unternehmen haben eine ganz bestimmte Identität und ein bestimmtes Produkt. Sie verkaufen Lizenzen an Leute, die eine Firma gründen und dieses Produkt verkaufen wollen. Viele Fast-Food-Restaurants sind z. B. Franchise-Unternehmen.

Wer ist wer?

Es gibt viele winzige Unternehmen, die nur aus ein oder zwei Personen bestehen. Große Unternehmen beschäftigen dagegen viele Leute mit sehr vielen verschiedenen Aufgaben. Daher braucht man ein **Management** – Leute, die andere Leute beaufsichtigen.
Der „Stammbaum" zeigt die Managementpositionen in einem Unternehmen.

Ich bin der **Vorstandschef** oder **Geschäftsführer**. Ich stehe an der Spitze des Unternehmens und beaufsichtige die nächste Ebene. Ich vertrete das Unternehmen in der Öffentlichkeit und plane vor allem die zukünftige Entwicklung.

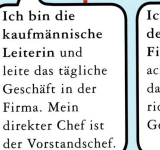
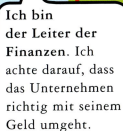

Ich bin die kaufmännische Leiterin und leite das tägliche Geschäft in der Firma. Mein direkter Chef ist der Vorstandschef.

Ich bin der Leiter der Finanzen. Ich achte darauf, dass das Unternehmen richtig mit seinem Geld umgeht.

Ich bin die Marketingleiterin. Ich bin für Marketing, Werbung, Öffentlichkeitsarbeit und Kundendienst zuständig.

Ich bin der EDV-Leiter. Ich kümmere mich um die Computer, die Programme und die Nutzung und Speicherung der Daten.

Ich bin der Personalleiter. Ich suche neue Mitarbeiter aus, stelle sie ein, sorge dafür, dass sie bezahlt werden, und überwache die Urlaubstage.

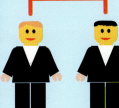

Aktiengesellschaften haben zusätzlich zum Vorstand einen unabhängigen Aufsichtsrat mit einem Aufsichtsratsvorsitzenden. Er hat die Aufgabe, den Vorstand zu kontrollieren und die Interessen der Aktionäre zu vertreten. Die Aufsichtsräte achten darauf, dass die Entscheidungen des Vorstandschefs den Gesetzen entsprechen und dem Unternehmen sowie den Aktionären nützen.

FORM und GRÖSSe

Unternehmen sind keine lebenden Wesen und doch verhalten sie sich so: Sie wachsen, verändern und entwickeln sich, sterben sogar manchmal. Dabei sind tüchtige Mitarbeiter und eine gute Führung wichtig.

KLEIN ANFANGEN

Viele frisch gebackene Unternehmer arbeiten zunächst in der eigenen Garage oder in der Wohnung. Die meisten müssen nach ein, zwei Jahren wieder aufgeben. Eine Firma zu gründen ist riskant, aber wer klug plant, hat schon halb gewonnen.

Hallo, ich heiße Ben und ich verkaufe seit Kurzem von zu Hause aus Tennisbälle!

SO WACHSEN FIRMEN

Normalerweise folgt das Wachstum einem Muster. Ben hat mehrere Möglichkeiten:

1 Weiterhin nur Tennisbälle verkaufen, aber davon immer mehr.

2 Verschiedene Bälle verkaufen.

3 Mehr Sportartikel verkaufen.

4 Mit mehr Personal an Tennisclubs verkaufen.

5 Franchise-Nehmer finden, die Gewinne mit ihm teilen.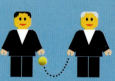

6 Andere Firma kaufen oder fusionieren.

In letzter Zeit verbringe ich weniger Zeit mit dem Verkauf und denke mehr darüber nach, wie die Firma wachsen könnte.

Der GRÖSSTE Konzern der *Welt* ist

ES MUSS SICH RECHNEN

Um erfolgreich zu sein, muss ein Unternehmen seine Ausgaben decken – also die Herstellungskosten des Produkts oder der Dienstleistung – und zusätzlich Gewinn abwerfen. Oft dauert es ein wenig, bis die Startkosten wieder erwirtschaftet sind. Erzielt eine Firma nicht genug Gewinn, kann sie langfristig nicht bestehen, selbst wenn die Produktidee noch so genial war.

Absatz Material Gebäude Rechnungen

Mitarbeiter Vertrieb Marketing GEWINN

Tolle Bälle!

Unsere Bälle sind die BESTEN!

FIRMEN UNTEREINANDER

Manche Firmen handeln mehr mit anderen Firmen als mit Einzelkunden. Angenommen, jemand verkauft Drucker: Überzeugt er einen Kunden, verkauft er einen Drucker. Überzeugt er dagegen eine andere Firma, verkauft er hundert Drucker.

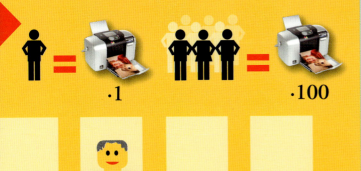

·1   ·100

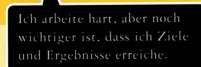

> Ich arbeite hart, aber noch wichtiger ist, dass ich Ziele und Ergebnisse erreiche.

MISCHKONZERNE,

auch Konglomerate genannt, sind riesige Unternehmen, die aus vielen verschiedenen Einzelunternehmen bestehen, die oft nichts miteinander zu tun haben. Warum kauft ein Unternehmen völlig andersartige Unternehmen auf und wird zum Mischkonzern? Nun, dadurch streut es sein Risiko und erhöht die eigene Sicherheit. Jemand, der Aktien kauft, würde auch nicht sein ganzes Geld in eine Firma investieren, die Regenschirme herstellt. Was wäre, wenn nur noch die Sonne scheint? Er kauft lieber auch Aktien eines Sonnencremeherstellers, denn dann kann das Wetter sein, wie es will – er macht Gewinn.

> Meine neue Strategie: Ich beteilige mich an anderen Unternehmen und sorge dafür, dass sie besser arbeiten und mehr Gewinn abwerfen.

Spezialisten

Nicht jeder will ständig wachsen. Während manche Firmen andere aufkaufen und Konglomerate bilden, verlegen sich andere auf Spezialisierung. Sie verkaufen alle Bereiche, die nicht zur Kernkompetenz („Spezialität") gehören, und konzentrieren sich nur noch auf das, was sie am besten können.

General Electric. Er verkauft Hausgeräte, Medizintechnik, Finanzierungen, Energie – einfach alles.

Die Zukunft der ARBEIT

Wir arbeiten heute ganz anders als unsere Großeltern früher. Wer weiß, wie unsere eigenen Enkel einmal arbeiten werden.

TERMINE 2020

JANUAR

zu Hause	Büro	Büro	Flug	China	China	frei
zu Hause	Büro	Indien	Indien	zu Hause	frei	

Wo und mit wem arbeite ich in diesem Monat? Mal sehen …

VERNETZUNG

Technologischer Fortschritt verändert das Arbeitsleben. Mit neuen Kommunikationstechnologien wie Handy und drahtlosen Breitbandverbindungen können Menschen auch zu Hause arbeiten und überall erreichbar sein, selbst im Auto oder Flugzeug. Vorteil? Größte Flexibilität! Nachteil? Häufige Unterbrechungen und keine Ruhe mehr für Mitarbeiter, die eigentlich schlafen, essen, entspannen oder Urlaub machen wollen.

DIE WELT IST KLEIN

Manchmal ist es für Unternehmen günstiger, neue Niederlassungen oder Callcenter in Ländern der Dritten Welt einzurichten, als die hohen Gehälter in entwickelten Ländern zu bezahlen. International tätige Unternehmen nennt man auch multinationale Konzerne. Einige verfügen über sehr viel Geld und daher auch Macht. Sie können Regierungen beeinflussen und auf Gesetze einwirken, die z.B. die Arbeitsbedingungen oder Mindestlöhne betreffen.

Hier ist der Kundendienst. Was kann ich für Sie tun?

Hallo!

GLOBALISIERUNG

Wenn Unternehmen international arbeiten, führt das schließlich dazu, dass die ganze Welt ein einziger Markt wird, auf dem Geld, Arbeitskräfte und Waren nach den Gesetzen des freien Marktes fließen. Manche halten das für schlecht, weil alle Länder „gleich" werden. Andere sehen eher die Vorteile: Menschen, die bisher arm waren, verkaufen ihre Waren und ihr Können und erreichen mehr Wohlstand.

Hallo Leute! Lasst euch treiben …

CHINA

Es gibt 1,3 Milliarden Chinesen – das ist ein Fünftel der Weltbevölkerung! China ist ein sehr rohstoffreiches Land, dessen Wirtschaft seit 25 Jahren rasant wächst. Das Einkommen steigt so schnell, dass in jedem Monat eine Million Menschen der Armut entkommen. Mit dem starken Zuwachs der Mittelschicht in China entsteht dort gerade ein riesiger neuer Markt für Konsumgüter, Autos und den Tourismus.

Wir sind die neue Wirtschafts-Supermacht!

INDIEN

Indien – mit einer Bevölkerung von derzeit 1,1 Milliarden – wird China bis 2050 wohl überholen. Die Wirtschaft wächst weltweit am zweitschnellsten. Etwa 60 Prozent der Menschen sind in der Landwirtschaft tätig, aber das ändert sich schnell. Gebildete (englisch sprechende) Inder arbeiten oft im technischen oder Kundenservice ausländischer Firmen. Hoch entwickelte Industrien wie Maschinenbau, Computer- und Biotechnologie erleben einen Boom.

Bald sind wir noch mehr als die Chinesen.

Müssen wir „weiche" Fähigkeiten auf dem harten Boden üben?

FLEXIBLER ARBEITEN

Da sich die Arbeitswelt so rasant verändert, gibt es keine „Stellen auf Lebenszeit" mehr. Man sollte lieber Fähigkeiten erwerben, mit denen man flexibel Arbeitsplätze wechseln oder selbstständig tätig sein kann. Besonders wichtig sind „weiche" Fähigkeiten wie Kommunikation und Teamarbeit. Menschen werden im Alter länger arbeiten, denn die Lebenserwartung steigt, medizinischer Fortschritt sorgt für bessere Gesundheit und außerdem reicht vielleicht die Rente nicht mehr aus.

Langsam sollten wir in Rente gehen. Wir sind 110 Jahre alt!

Solarzellen für sonnige Zeiten.

EIN GEMEINSAMES PROBLEM

Um 2050 werden voraussichtlich 9 Milliarden Menschen auf der Erde leben. Kann unser Planet sie alle versorgen? Bereits heute ist es schwierig genug Nahrung anzubauen und genug Energie für alle zu erzeugen. Die Regierungen müssen angesichts des Klimawandels und der Zerstörung der Umwelt darüber nachdenken, ob das ständige Wirtschaftswachstum tatsächlich mit nachhaltigem Umweltschutz vereinbar ist. In Zukunft wird es immer wichtiger werden neue Energiequellen zu erschließen und unschädlichere Methoden zur Herstellung und Verteilung von Waren zu finden.

Vom Traum …

… zur Wirklichkeit

Man sagt, Erfindungen bestünden aus einem Prozent *Inspiration* und 99 Prozent *Anstrengung*. Wer ein neues Produkt auf den Markt bringen will, muss viele Leute überzeugen – Kunden, Investoren, Hersteller, die Presse – auch wenn er selbst manchmal das Vertrauen verliert.

Es war einmal …

Hier geht's los!

Jenny erfindet etwas ganz Neues.

Sie telefoniert herum.

Sie prüft, ob sich jemand dafür interessiert.

Ein Jahr später.

Die Schirme sind fertig.

Marketing und Werbung.

Sie muss dafür sorgen, dass die Leute von dem Produkt erfahren, …

Sie denkt nur noch ans Geschäft.

Sie will mehr und bessere Schirme herstellen …

Fortsetzung folgt …

Ein eigenes Unternehmen nimmt einen oft rund um die Uhr in Anspruch. Jenny überlegt ständig, was sie als Nächstes macht. Sie träumt sogar schon von Schirmhüten. Sie muss die Konkurrenz abhängen, Kunden zufriedenstellen, neue Kunden finden und das Geld ihrer Investoren zurückzahlen. Ihr macht die Arbeit Spaß und sie freut sich, wenn Leute ihre Hüte tragen.

Der lange **Weg** zur Marktreife

Viele gute Ideen gelangen nie zur Marktreife. Erfolg hat nur der, der die Spielregeln kennt.

Forschung und Entwicklung

Meist ist es nicht damit getan, dass man nur etwas herstellt und verkauft. Hat man etwas Neues erfunden, muss man die Idee patentieren lassen, damit niemand sie kopieren kann. Dann folgt die Marktforschung, d. h. es wird geprüft, ob die Leute das Produkt überhaupt kaufen werden. Man muss überlegen, wie es hergestellt und verkauft werden soll. Ist es dann schließlich so weit, muss man sich schon wieder Gedanken machen, wie sich das Produkt verbessern ließe und was man in Zukunft herstellen und verkaufen könnte.

Kapital auftreiben

Es ist fast unmöglich Geld zu verdienen, ohne zuerst viel Geld auszugeben. Viele neue Unternehmen kämpfen mit dem „Cashflow" – also damit, genug Geld zur Bezahlung ihrer Rechnungen flüssig zu haben, bevor die ersten Gewinne eingehen. Was tut also jemand, der eine brillante Idee, aber kein Geld hat? Er überlegt, wie viel er wohl brauchen wird, fragt Freunde, die Bank und auch professionelle Investoren, ob sie in seine Idee investieren wollen.

36

34

ZIEL

35

BANK WILL DARLEHEN ZURÜCK.

26

EIN SCHAUSPIELER TRÄGT DEIN PRODUKT – JETZT KAUFEN ES ALLE!

25

27

24

BETRIEB KOSTET MEHR ALS GEPLANT.

23 22

KETTE NIMMT 10 000 STÜCK AB.

14 15

11

GUTE KRITIK IN EINER ZEITSCHRIFT!

12 10

DEINE SCHWESTER HILFT DIR UMSONST.

1 START

2 3

„Geschäftemachen ist das beste *Spiel* der Welt,

HUNDERTE PRODUKTE BEI TRANSPORTUNFALL VERLOREN.

3   32   31

8   29   30

1

VIELE ANGEBOTE ZUM KAUF DEINES UNTERNEHMENS.

20   19

WETTBEWERBER PRODUZIEREN EIN ÄHNLICHES PRODUKT.

6   17   18

PROTOTYP FUNKTIONIERT NICHT.

8   7

5 DEINE IDEE WIRD PATENTIERT.   6

Produktion

Man muss unbedingt genug Geld auftreiben, dass man einen Prototypen herstellen kann. Ein Prototyp ist der erste Versuch, die Idee in ein echtes, greifbares Produkt zu verwandeln. Daran erkennt man, ob die Idee überhaupt funktionieren kann und welche Veränderungen noch erforderlich sind. Schließlich (meist nach mehreren Prototypen) sollte es möglich sein, eine kleine Stückzahl des endgültigen Produkts zu produzieren.

Marketing und Werbung

Neue Produkte lassen sich erst verkaufen, wenn die Leute wissen, dass es sie gibt. Mögliche Kunden erreicht man am besten durch Marketing und Werbung. Marketing heißt, dass man andere Unternehmen dazu bringt, das Interesse ihrer Kunden auf das Produkt zu lenken. Mit Werbung spricht man dagegen die zukünftigen Kunden direkt an: durch bezahlte Anzeigen in Zeitungen, Zeitschriften, an Plakatwänden, im Fernsehen und Radio. Manchmal werden Gratisproben verteilt, damit die Leute sie ausprobieren und sich eine Meinung bilden können.

Vertrieb und Verkauf

Wenn der Verkauf dann klappt, ist alles perfekt. Man sollte die Produkte natürlich zu einem Preis verkaufen, der höher ist als die Herstellungskosten. Der Überschuss ist der Gewinn. Einen Teil davon muss man als Dividende an die Investoren auszahlen, einen Teil hält man für zukünftige Kosten und Investitionen zurück und einen Teil darf man behalten. Will man in dem Spiel wirklich erfolgreich sein, muss man wesentlich länger durchhalten als nur eine Runde.

wenn man die *Regeln* kennt." – *Thomas J. Watson*

Für eine bessere Welt

In den meisten Ländern wird die Wirtschaft durch Gesetze geregelt, damit es gerecht zugeht. Menschen und Unternehmen brechen manchmal die Gesetze, weil **unmoralische Geschäfts-methoden** oft **viel Gewinn** einbringen. Interessant ist, dass **gute Geschäftsmethoden** oft **sogar noch mehr Gewinn** abwerfen. Willkommen in der Welt der **Unternehmensethik**.

Sie stellt die

Menschen

und die

Erde

neben den

Gewinn.

TRIPLE BOTTOM LINE

Bottom line bedeutet, was „unter dem Strich" steht, also der Gewinn. Verantwortungsvolle Firmen achten heute auf einen dreifachen (*triple*) Gewinn: finanziell, sozial und ökologisch. Diese Unternehmen *bezahlen* ihre Mitarbeiter gerecht, auch wenn sie krank oder in Urlaub sind, und sorgen für gute und sichere *Arbeitsbedingungen* ohne Gefahr durch Chemikalien oder schlechte Ausrüstung. Sie beschäftigen *keine Kinder*. Sie lassen *Gewerkschaften* zu, die für die Rechte der Arbeitnehmer eintreten. Sie achten zudem auf *Umweltschutz* und sorgen dafür, dass auch ihre Zulieferer dieselben Standards einhalten.

WAS IST FAIRER HANDEL (FAIRTRADE)?

Viele Verbraucher und auch viele Unternehmen sind den Gesetzen voraus und achten auf die moralischen Aspekte der Wirtschaft. Moral ist oft sogar gut für die Geschäfte, weil es sich – auch finanziell – lohnt Mitarbeiter fair zu behandeln und sauber zu produzieren.

Ein FAIRER Preis

Die Bauern und Fabrikarbeiter in Entwicklungsländern wollen uns ihre Produkte verkaufen, aber sie können nur sehr schlecht direkt mit uns handeln. Sie sind auf Zwischenhändler angewiesen – die meist einen großen Teil des Gewinns für sich behalten.

Für ein FAIRES Produkt

Fairer Handel ändert das. Die Fairtrade-Organisationen sorgen dafür, dass die Bauern und Arbeiter – und nicht die Zwischenhändler – gerechte Preise für ihre Waren erhalten. Sie legen Arbeitsstandards fest und sorgen durch Kontrollen für deren Einhaltung.

Ist fairer Handel gut?

Einige Wirtschaftswissenschaftler sagen, dass der Eingriff in die Preise dem Gesetz von Angebot und Nachfrage widerspricht. Sie wollen unprofitable Betriebe nicht erhalten, damit die Arbeiter andere Güter herstellen können, für die die Leute *bereit sind zu zahlen*.

Ist freier Handel gut?

Diese Wissenschaftler sagen, wir brauchen mehr *freien* Handel. Sie wollen die Finanzhilfen für die Bauern in Europa und USA sowie die Einfuhrzölle (Steuern) für ausländische Güter abschaffen, damit sich diese besser bei uns verkaufen lassen.

Banken für die Armen

Muhammad Yunus, ein Ökonom aus Bangladesch, gründete die Grameen Bank, die Minikredite an Arme vergibt. Die Zinsen sind niedrig, es werden fast alle Kredite zurückgezahlt, die Bank profitiert und kann mehr Armen helfen.

Verbraucher haben viel Macht – also **denke nach,** bevor du etwas **kaufst**. Wer beim **Einkauf** sein **Gewissen** mitentscheiden lässt, *sorgt dafür, dass die Welt besser wird!*

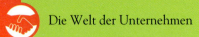

GELD ausgeben

Menschen, die sehr gut Geld verdienen, gehen anschließend oft nicht besonders klug damit um. Es lässt sich so leicht mit teuren Autos, Designerkleidung und in feinen Restaurants verschwenden. Klüger ist es, das Geld so zu verwenden, dass man dadurch glücklicher wird ...

FREIGEBIGKEIT

Philanthropie bedeutet, dass man Geld, Dinge oder Zeit abgibt, um anderen zu helfen. Philanthropen haben meist sehr viel Geld, das sie spenden können. Warum tun sie das? Ein Grund ist sicherlich, dass sie dadurch Steuern sparen können. Die meisten hegen aber den ehrlichen Wunsch Gutes zu tun und anderen, mit denen es das Leben nicht so gut meint, zu helfen.

Essen · Geld · Wissen · Kleidung · Zeit

GUTER ZWECK

TEURES SPIELZEUG

Reiche Leute können sich mehr, größere und schönere Häuser, Autos, Reisen, Kleidung und Schmuck leisten als alle anderen. Sie können auch Unsummen für Boote und Flugzeuge aufwenden. Für Luxus mit allem Drum und Dran lässt sich praktisch unbegrenzt Geld ausgeben.

„Reich zu sterben ist eine Schande."

FORSCHUNG FINANZIEREN

Die „Bill and Melinda Gates Foundation" (gegr. 1994, eine Stiftung, zu der auch Warren Buffet großzügig beiträgt) hat bisher 14 Milliarden Dollar gespendet. Sie verteilt Impfstoffe und Landwirtschaftsgüter an Menschen in Entwicklungsländern, unterstützt aber auch Bildungsprojekte für benachteiligte Jugendliche in den USA.

Kunst

Bildung

Forschung

Entwicklung

Theater

Sport

AUFRÜTTELN

Rockstar Bono von U2 nutzt häufig seine Berühmtheit, um Geld und Aufmerksamkeit für gute Zwecke zu bekommen. Er kämpft u. a. gegen Armut und Krankheit in Afrika sowie für die Menschenrechte in Tibet.

DIE EMPFÄNGER

Tausende von guten Zwecken verdienen Unterstützung. Philanthropen fördern religiöse und Bildungseinrichtungen, wissenschaftliche Forschungen und benachteiligte oder arme Menschen im In- und Ausland. Manche von ihnen fördern auch die Kunst. Sie unterstützen Maler, Schriftsteller, Musiker und sogar Sportler, damit sie sich ohne Geldsorgen ganz auf ihre Arbeit konzentrieren können.

UNTERSTÜTZEN

TV-Star Oprah Winfrey spendet für Projekte. In Südafrika gründete sie eine Schule für Mädchen armer Familien.

— Andrew Carnegie

MILLIONÄR

Ein Vermögen verdient man am besten mit einem eigenen Unternehmen. Aber das kann nicht jeder. Man muss sich selbst motivieren und hart arbeiten können – und natürlich eine gute Idee haben.

SCHRITT 1: EINE GENIALE IDEE

1 Etwas Neues erfinden.

Der Pappbecher

Lawrence Luellen erfand 1908 den Pappbecher als hygienische Alternative zu den Metallbechern an den öffentlichen Trinkwasserbrunnen.

2 Etwas besser machen als alle anderen.

Toaster mit Auswurf

Toaster gab es bereits, aber Charles Strite verbesserte sie 1919 mit seinem Auswurfmechanismus. So wurde das Brot nicht mehr schwarz.

3 Neue Kunden erschließen.

Roller

Dominic McVey war 13, als er im Internet mehrere Roller bestellte, um sie an Freunde zu verkaufen. Zwei Jahre später war er Millionär.

4 Gute Beziehungen zu anderen Firmen herstellen.

Microsoft und Intel

Microsoft und Intel arbeiten eng zusammen. Microsoft entwickelt neue Programme, Intel baut die Prozessoren für die Computer.

5 Einprägsame Marken erfinden.

Google

Die Suchmaschine Google funktioniert gut, aber der einprägsame Name und das Logo tragen stark zum Erfolg bei.

6 Die Marke bewahren.

Coca Cola

Coca Cola ist Marktführer auf einem heiß umkämpften Markt, weil das Unternehmen die weltberühmte Marke streng schützt.

SCHRITT 2: DIE GENIALE FÜHRUNG

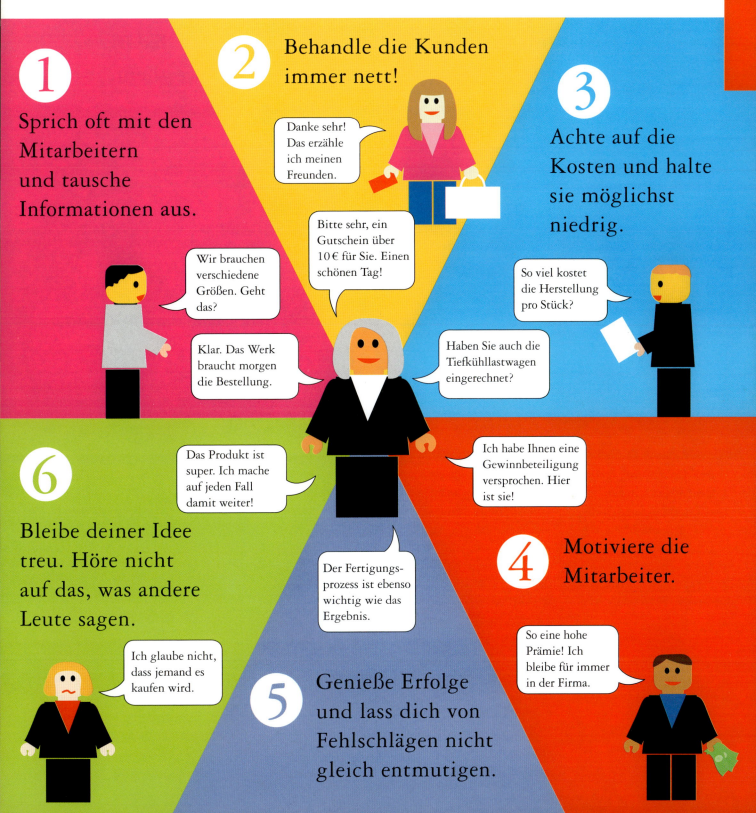

1

Sprich oft mit den Mitarbeitern und tausche Informationen aus.

2 Behandle die Kunden immer nett!

> Danke sehr! Das erzähle ich meinen Freunden.

> Bitte sehr, ein Gutschein über 10 € für Sie. Einen schönen Tag!

3

Achte auf die Kosten und halte sie möglichst niedrig.

> Wir brauchen verschiedene Größen. Geht das?

> Klar. Das Werk braucht morgen die Bestellung.

> So viel kostet die Herstellung pro Stück?

> Haben Sie auch die Tiefkühllastwagen eingerechnet?

> Das Produkt ist super. Ich mache auf jeden Fall damit weiter!

> Ich habe Ihnen eine Gewinnbeteiligung versprochen. Hier ist sie!

6

Bleibe deiner Idee treu. Höre nicht auf das, was andere Leute sagen.

> Der Fertigungsprozess ist ebenso wichtig wie das Ergebnis.

4 Motiviere die Mitarbeiter.

> Ich glaube nicht, dass jemand es kaufen wird.

> So eine hohe Prämie! Ich bleibe für immer in der Firma.

5

Genieße Erfolge und lass dich von Fehlschlägen nicht gleich entmutigen.

„Gewinner und Verlierer unterscheiden sich darin, wie sie auf die Launen des Schicksals reagieren." – *Donald Trump*

Die GEWINNER

Hier sind einige der reichsten Leute der Welt. Jeder hat sein Vermögen auf interessante Weise verdient, mit Talent, Glück und viel harter Arbeit.

Ich gehöre zu den reichsten Menschen der Welt.

BEN UND JERRY
geb. 1951

TIGER WOODS
geb. 1975

BILL GATES
geb. 1955

RICHARD BRANSON
geb. 1950

Ben Cohen und Jerry Greenfield gingen zusammen zur Schule. Mit 27 gründeten sie ein Unternehmen, das Eis herstellt und verkauft. Ihr Erfolgsrezept: Verwende heimische Zutaten und teile den Gewinn mit den Mitarbeitern. Im Jahr 2000 verkauften sie die Firma für 326 Millionen Dollar und setzen sich nun für gute Zwecke ein.

Der Golfer Tiger Woods ist der erste Sportler, der 100 Millionen Dollar pro Jahr verdient. Es handelt sich nicht nur um Preisgeld von Turnieren, er hat auch viele gute Werbeverträge. Woods' Ausstrahlung wird durch seine Jugend und seine Abstammung (er hat afrikanisch-amerikanische, chinesische, holländische, indianische und thailändische Vorfahren) verstärkt. Vielleicht wird er der erste Sportler-Milliardär.

Bill Gates experimentierte schon als Jugendlicher mit Computern und verdiente während der Schulzeit sein erstes Geld mit Programmierarbeiten. 1975 gründete er mit einem Freund die Softwarefirma Microsoft. Der drittreichste Mann der Welt (jahrelang sogar der reichste, doch das ist jetzt Warren Buffett) wird bald in den Ruhestand treten und sich nur noch guten Zwecken widmen.

Der britische Unternehmer Richard Branson hat schon Hunderte von Firmen gegründet. Am bekanntesten ist er sicher für seine Fluglinie Virgin Atlantic und für seine Versuche, Weltrckordc im Segeln und Ballonfliegen zu brechen. 2007 kündigte Branson die „Virgin Earth Challenge" an: Er will die beste Idee zur Verhinderung der globalen Erwärmung mit 25 Millionen Dollar belohnen.

> Ich bekomme immer noch Geld! Hinter Elvis Presley und John Lennon belege ich Platz drei in der Rangliste verstorbener Berühmtheiten.

> *Ich habe einen eigenen Fußballverein!*

CHARLES SCHULZ 1922–2000	**J. K. ROWLING** geb. 1965	**CARLOS SLIM HELU** geb. 1940	**ROMAN ABRAMOWITSCH** geb. 1966

Snoopy, Charlie Brown und der Rest der *Peanuts*-Bande sind Geschöpfe von Charles Schulz. Der Comic-streifen erschien 50 Jahre lang ununterbrochen und wurde in über 2600 Zeitungen in 75 Ländern gedruckt. *Snoopy* machte Schulz reich und selbst heute noch bringt der Cartoon-Hund viel Geld ein.

Die Autorin der *Harry-Potter*-Bücher ist wohl die erfolgreichste Schrift-stellerin der Welt. Sie verkaufte bisher fast 400 Millionen Bücher und ist eine der reichs-ten Personen Groß-britanniens. Die Marke Harry Potter ist 15 Mil-liarden Dollar wert. Der letzte Band der Reihe erschien im Juli 2007. Nun warten Kinder auf der ganzen Welt auf ihr nächstes Werk.

Der Unternehmer aus Mexiko ist der zweit-reichste Mann der Welt. Er machte sein Vermögen im Bereich Telekom-munikation. 90 Prozent der Telefonleitungen in Mexiko und 80 Prozent der Handys werden von Unternehmen betrieben, die ihm gehören. América Móvil, eine seiner Mobil-telefongesellschaften, hat über 100 Millionen Kunden in ganz Latein-amerika.

Abramowitsch wurde in Sibirien in sehr armen Verhältnissen geboren. Da seine Eltern früh starben, wuchs er bei seiner Groß-mutter auf. Er ist in der russischen Ölindustrie tätig, wo er schnell ein Riesenvermögen verdiente. Abgesehen von seinen Unternehmen besitzt er den Fußballclub Chelsea London und war Gouverneur von Tschukotka im fernen Osten Russlands. Er lebt hauptsächlich in London.

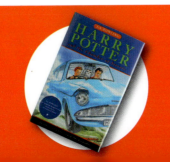

Wer ist *wer?*

Wirtschaft ist eine junge Wissenschaft. Erst im 18. Jh., als sich die Philosophen für die finanzielle Seite des Verhaltens der Länder zu interessieren begannen, entstand sie als (zuerst eng mit *Politik* verknüpftes) Forschungsgebiet.

> *Eine Schuld muss voll zurückgezahlt werden.*

> Jeder nach seinen Fähigkeiten, jedem nach seinen Bedürfnissen.

CHANAKYA 350–283 v. Chr.	ADAM SMITH 1723–1790	THOMAS MALTHUS 1766–1834	KARL MARX 1818–1883
Chanakya war vielleicht der erste Ökonom der Welt. Der Politiker und weise Philosoph hat zur Errichtung des ersten indischen Königreichs beigetragen. Sein Werk *Arthashastra* (Die Lehre vom Wohlstand) wird von manchen als erstes Wirtschaftslehrbuch betrachtet. Man findet darin seine Gedanken über Wohlstand, internationale Beziehungen und Kriegsstrategien.	Smith hielt Eigennutz für eine gute Sache. In einem freien Markt führe er dazu, dass die Güter, die die Leute brauchen, produziert und zum angemessenen Preis verkauft werden. Die notwendige Aufgabe der Regierungen bestehe darin, zu verhindern, dass sich Unternehmen zusammenschließen, um die Kunden zu übervorteilen, und darin, öffentliche Güter zur Verfügung zu stellen.	Malthus war ein sehr einflussreicher Ökonom. Er veröffentlichte eine Bevölkerungstheorie, die beschrieb, wie das rasante Bevölkerungswachstum auf der Erde zu Hunger und Armut führen werde. Seine Vorhersage der Bevölkerungszunahme und seine Berechnungen waren zwar richtig, aber er hatte nicht bedacht, dass technische Fortschritte uns vor dem Hunger bewahren würden.	Marx war der Meinung, dass die freie Marktwirtschaft (die er als Kapitalismus bezeichnete) die große Mehrheit der Menschen, die weder Land noch Unternehmen besitzen, ausnutze. Er sagte eine Revolution der Arbeiter voraus. Seine politische Philosophie regte zwar Revolutionen an und schuf den Kommunismus, der jedoch in weiten Teilen der Erde wieder abgeschafft wurde.

> EINE KNAPPE AUSSAGE ÜBER EIN KOMPLEXES THEMA KANN NICHT RICHTIG SEIN.

> Geld ist wichtig, denn es ist das Bindeglied zwischen Gegenwart und Zukunft.

> *Ich bin dafür, Steuern, wenn möglich, unter allen Umständen, unter jedem Vorwand und aus jedem nur denkbaren Grund zu senken.*

ALFRED MARSHALL 1842–1924

Von ihm stammt das Modell von Angebot und Nachfrage und er erbrachte den mathematischen Beweis für die Ideen von Adam Smith. Er war zwar ein hervorragender Mathematiker, aber er beharrte darauf, dass Ökonomen ihre Theorien allgemein verständlich formulieren sollten, damit sie auch Nicht-Mathematiker verstehen können.

JOHN MAYNARD KEYNES 1883–1946

Der wichtigste Gedanke des äußerst einflussreichen britischen Ökonomen lautet, dass Regierungen in Wirtschaftskrisen eingreifen müssen. Sie sollen investieren, um die Wirtschaft wieder anzuregen und eine Erholung herbeizuführen. Seine Politik wurde in den USA während der Phase der „Großen Depression" um 1930 angewandt. In Großbritannien ist sie heute noch sehr beliebt.

MILTON FRIEDMAN 1912–2006

Der amerikanische Nobelpreisträger widersprach Keynes. Seiner Ansicht nach darf die Freiheit des Marktes unter keinen Umständen durch Eingriffe der Regierung beschränkt werden. Er behauptete, dass wirtschaftliche Freiheit mit der Zeit automatisch auch zu politischer Freiheit führe. Seine *Laisser-faire*-Regeln wurden in vielen Ländern erfolgreich angewendet.

JOHN FORBES NASH geb. 1928

Der Mathematiker Nash verbesserte die Spieltheorie und bekam dafür den Nobelpreis. Oft müssen Menschen eine Wahl treffen, haben aber als Grundlage nur das, was sie über die Auswahl anderer Leute wissen oder *zu wissen glauben*. Bei Auktionen z.B. gründen Bieter ihre Aktionen auf das erwartete Verhalten anderer. Mit der Spieltheorie versteht man solche Situationen besser.

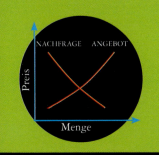

GLOSSAR

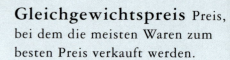

Abschwung Zeitraum, in dem die wirtschaftliche Leistung eines Landes abnimmt.

Aktie Wertpapier, das einen Anteil an einem Unternehmen darstellt.

Aktionär Person, die einen Anteil an einem Unternehmen erworben hat.

Angebot Menge der verfügbaren Waren und Dienstleistungen.

Anleihe Wertpapier, durch das ein Investor einer Organisation Geld leiht. Er erhält dafür regelmäßige Zinszahlungen.

Anreiz Veranlasst Menschen, ein Produkt zu bevorzugen.

Arbeitgeber Person oder Organisation, die Arbeitskräfte einstellt.

Aufschwung Anstieg der Aktivitäten in einer Wirtschaft. Es gibt mehr von allem, den Menschen geht es immer besser.

Bank Einrichtung, die das Geld ihrer Kunden verwaltet und Geld an Privatleute und Unternehmen verleiht.

Bankautomat Maschine, an der man Bargeld abheben und den Kontostand abfragen kann.

Banknoten Papiergeld.

BIP (Bruttoinlandsprodukt) Menge an Waren und Dienstleistungen, die in einem Land pro Jahr produziert werden.

Boom Der Zeitraum, in dem der wirtschaftliche Wohlstand eines Landes hoch ist.

Börse Ort, an dem Aktien gehandelt werden.

Bureau de Change Büro zum Kauf und Verkauf ausländischer Währungen.

EC-Karte Ermöglicht bargeldlosen Einkauf. Das Geld wird sofort vom Bankkonto abgebucht.

Erholung Zeitraum, in der die Wirtschaft eines Landes den Abschwung überwindet.

Euro Währungseinheit in vielen Ländern Europas.

Fairer Handel Die Hersteller erhalten faire Preise für ihre Produkte.

Fiatgeld Geld, dessen Materialwert unter dem aufgedruckten Wert liegt.

Franchise Unternehmen, dessen Eigentümer eine Lizenz zur Verwendung einer bestimmten Marke erwirbt.

Freier Markt Wirtschaftssystem, das im Wesentlichen nach den Regeln von Angebot und Nachfrage funktioniert.

Gewerkschaft Verband von Arbeitnehmern, die sich zusammenschließen, um bessere Arbeitsbedingungen zu erhalten.

Gewinn Differenz zwischen den bis zur Markteinführung angefallenen Kosten und dem Verkaufspreis eines Produkts.

Gleichgewichtspreis Preis, bei dem die meisten Waren zum besten Preis verkauft werden.

Globalisierung Die Art, in der Geschäfte (und auch andere Dinge) gehandhabt werden, gleicht sich auf der ganzen Welt immer mehr an.

Goldstandard Finanzsystem, bei dem der Wert der Währung an den Goldwert gebunden ist.

Inflation Die Preissteigerung ist höher als die Steigerung des Verdienstes der Menschen.

Investition Man gibt Geld für ein Unternehmen oder kauft Wertpapiere in der Hoffnung, so mehr Geld zu verdienen.

Istkosten Geld und Zeit, die man zur Herstellung einer Ware oder Dienstleistung aufwendet.

Kapitalismus Wirtschaftssystem, in dem freier Markt herrscht und jeder Mensch Gewinn erwirtschaften darf.

Kommunismus Wirtschafts- und Gesellschaftssystem, bei dem die Ressourcen allen gemeinsam gehören.

Konglomerat Riesiges Unternehmen, dem viele kleine (oft verschiedene) Unternehmen gehören.

Konsument (=Verbraucher) Person, die Produkte und Dienstleistungen kauft.

Kosten Geld, das man verbraucht, um etwas herzustellen.

Kredit Menschen leihen sich Geld von der Bank und bezahlen es, meist über Jahre hinweg, mit Zinsen zurück.

Kreditkarte Ermöglicht den Einkauf mit geliehenem Geld, das man später zurückzahlt.

Laisser-faire Wirtschaftspolitik, die möglichst wenig in den freien Markt eingreift.

Lohn und Gehalt Geld, das Menschen für ihre Arbeit erhalten.

Marke Name oder Logo der Produkte oder Dienstleistungen eines Unternehmens.

Marketing Erforschung der Kundenwünsche und Versuch, die Nachfrage zu beeinflussen.

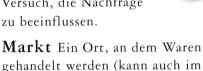

Markt Ein Ort, an dem Waren gehandelt werden (kann auch im Internet sein).

Multinationale Unternehmen Haben Niederlassungen in mehreren Ländern.

Münze Ort, an dem Münzen geprägt werden.

Nachfrage Menge der Produkte oder Dienstleistungen, die die Kunden kaufen wollen.

Ökonom Wirtschaftswissenschaftler.

Ökonomie (Wirtschaftswissenschaft) Wissenschaft von der Herstellung, Verteilung und dem Verbrauch von Waren und Dienstleistungen.

Personal Alle Arbeitnehmer in einem Unternehmen.

Philanthropie Spenden von Zeit oder Geld, um für andere Menschen Gutes zu tun.

Planwirtschaft Wirtschaftssystem, in dem die Regierung Angebot und Preis bestimmt.

Produzent (Hersteller) Person oder Unternehmen, das Waren/Dienstleistungen herstellt.

Rabatt Preisnachlass.

Rente (Pension) Geldbetrag, der monatlich an Menschen im Ruhestand bezahlt wird.

Ressourcen Alle Zutaten, die man zur Herstellung einer Ware oder Dienstleistung braucht (Kapital, Rohstoffe, Personal und Idee).

Rohstoffe Natürliche Produkte aus Erde, Meer oder Luft, aus denen man Waren herstellt.

Ruhestand Zeitraum, in dem alte Menschen nicht mehr für Geld arbeiten.

Schulden Geld (oder etwas anderes), das zurückgezahlt werden muss.

Schwarzmarkt Illegaler Kauf und Verkauf von Waren.

Sparen Aufbewahren von Geld in der Bank oder Bausparkasse ohne Verlustrisiko.

Steuern Geld, das an die Regierung bezahlt werden muss.

Subvention Finanzielle Hilfe der Regierung, die die Preise meist unter dem Marktniveau hält.

Tauschhandel Handel Ware gegen Ware, ganz ohne Geld.

Termingeschäft Finanzprodukt, das den zukünftigen Kauf oder Verkauf einer Ware zu einem jetzt festgelegten Preis garantiert.

Unternehmer Person mit neuen Produktideen, die ein Unternehmen gründet.

Versicherung Eine Versicherung bezahlt bei Schäden und Notfällen.

Währung Alles, was allgemein als Geld akzeptiert wird.

Werbung Informiert potenzielle Kunden über ein neues Produkt und regt sie zum Kauf an.

Zinsen Geldbetrag, der an diejenigen bezahlt wird, die anderen Geld leihen.

Zinseszins Zinsen für eine Geldsumme plus die bereits angesammelten Zinsen.

Zinssatz Jährlicher Zinsbetrag auf geliehenes Geld in Prozent.

Zoll Eine Gebühr für die Einfuhr von Waren aus dem Ausland.

Zwischenhändler Geschäftsmann, der ein Geschäft zwischen Hersteller und Verbraucher vermittelt und dafür einen Teil des Gewinns behält.

Ich kaufe 20 Kisten Äpfel.

REGISTER

Dank

Dorling Kindersley dankt folgenden Personen für ihre freundliche Unterstützung: Chris Bernstein, Sean Daly, Sasha Frieze, Elinor Greenwood, Lorrie Mack, Myriam Megharbi, Gabriel Rozenberg, Penny Smith, Ben Taxman

Bildnachweis: